공부왕이
즐겨 찾는
맞춤법
띄어쓰기

공부왕이 즐겨찾는

맞춤법

띄어쓰기

품위 있는 우리말은
올바른 맞춤법에서!

"준비물을 깜빡 잃어버리고 학교에 갔다.
다른 아이들은 다 가져왔는데 나만 안 가져와서 창피했다."

한 친구의 일기에서 "기억해야 할 무엇을 어떤 순간, 전혀 생각하지 못하다."를 뜻하는 '잊어버리다'를 잘못 쓴 부분이 보입니다. 받침이 복잡하거나 뜻이 아리송한 우리말을 제대로 쓰는 친구들은 많지 않습니다. 세계적으로 뛰어나다고 평가받는 우리말이지만, 정확한 표기법과는 거리가 먼 문화가 나타나고 있지요. 실제로 인터넷이 발달하며 퍼진 초성 쓰기·줄임말·채팅 말 등은 우리말 경계가 허물어지고 있음을 직접 보여 주는 안타까운 현실입니다.

말만 통하면 되지 않느냐, 대체 왜 맞춤법을 공부해야 하느냐. 이런 의문들을 많이 품고 있지요? '올바른' 우리말 표현으로 써야지만 '정확한' 뜻이 전해집니다. 맞춤법은 쓰거나 말할 때 "이렇게 하자."라는 공통 규칙입니다. 정해진 이 규칙 안에서 쓰면 서로 혼란스럽지 않을 수 있어요. 정확한 표기법으로 쓴 우리말은 탄탄한 국어 실력으로 이어진답니다.

〈공부왕이 즐겨 찾는 맞춤법·띄어쓰기〉는 이런 고민을 바탕으로, 친구들이 쉽고 재미있게 국어 공부를 하기 바라는 마음에서 탄생했습니다.

1부에서는 올바른 맞춤법을 소개합니다. 교과서나 일상에서 자주 쓰는 우리말 표기법을 소개하면서 자연스럽게 맞춤법을 이해하도록 구성했어요. 국립

국어원 맞춤법 규정·문장 성분·발음·같은 말 다른 뜻·표준어·한자어·외래어 표기법 등으로 장을 구성해 정확한 우리말을 살펴봅니다. 맞춤법과 함께 나오는 어문 규칙들은 최대한 쉽게 풀어써 외우기보다 이해에 중점을 두었습니다. 2부에서는 띄어쓰기를 소개합니다. 문장 구성 요소별로 띄어쓰기는 어떻게 하는지 그 규칙들을 하나하나 살펴봅니다.

1부와 2부 모두 올바른 맞춤법과 띄어쓰기가 적용된 풍부한 예문도 수록해 실제로 어떻게 쓰이는지도 살펴볼 수 있도록 꾸몄습니다.

갈수록 올바른 우리말이 사용되지 않고 있는 오늘날. 바르게 쓴 우리말이야말로 '정확한' 뜻을 전달한다는 사실을 기억하세요. 아무쪼록 어린이 친구들이 이 책으로 품위 있는 우리말을 쓸 수 있기 바랍니다.

백태명, 신선환, 우지영

첫 번째
여는 마당

맞춤법

두 번째
여는 마당

'띄어쓰기를 알면
틀리지 않는대!

띄어쓰기

정답

우리 글자의 역사란?

오늘 하루를 어떻게 시작하였나요? 아침에 일어나서 세수를 먼저 한 친구도 있고, 우유를 한 잔 마신 친구도 있겠지요? 이 일을 하면서 자연스럽게 한 일은 아마 '말' 일 거예요.

인류는 언제부터 말하기 시작했을까요? 학자들도 언제부터라고 딱 잘라 말하지 못할 만큼 어려운 상상이라고 해요. 대략 100만 년 전, 조금 길게 잡으면 500 또는 600만 년 전부터 말하기 시작했으리라, 추측하고 있어요. 정말 오랜 옛날부터 말을 사용했다는 뜻인데 매우 놀랍지요.

그렇다면 인류는 언제부터 무언가를 그리고 쓰기 시작했을까요?

약 5~6,000년 전부터로 보고 있어요. 먼 옛날, 사람들이 그린 그림을 동굴 벽에서 발견했거든요. 하지만 이런 그림들을 글자라고 하기는 힘들어요. 그 당시에 사용한 말을 그대로 전할 수 없기 때문이에요.

그 이후에는 '상형 문자'라고 하는, 그림 형태의 글자가 나타나요. '한자'를 떠올리면 쉽게 이해할 수 있어요. 상형 문자는 우리가 하는 말을 그대로 옮길 수 없어요. 그래서 하나의 말소리를 하나의 기호와 연결시키는 문자를 쓴답니다. 오늘날, 우리가 쓰고 있는 글자들이 그러하지요. 사람들은 이런 글자 덕분에 더 깊게 생각할 수 있었어요.

라스코 동굴 벽화

이집트 상형 문자

한자 : 상형 문자

아 :
a(영어), 아(우리말), あ(일본어)

표음 문자 :
하나하나의 소리를
표현하는 문자

오늘날, 우리나라 사람들이 쓰는 글자는 15세기에 세종대왕이 만든 훈민정음이 변화하고 발전한 글자예요. 시대에 따라 말이 바뀌기 때문에 변화하는 말의 소리를 더 잘 표현할 수 있도록 글자도 함께 변했어요.

우리 글자는 만든 사람과 만든 시기가 정확하게 기록된 몇 안 되는 글자 가운데 하나예요. 〈훈민정음 해례본〉에서 설명하듯 오랜 연구와 실험을 거치고 만들어져 과학성이나 독창성 또한 세계적으로 인정받고 있답니다. 우리말을 가장 잘 표현하는 글자가 바로 우리 '한글'이지요.

우리 글자가 지금처럼 쓰이는 데에는 여러 가지 어려움이 있었어요. 세종대왕이 훈민정음을 만든 조선 시대는 신분제 사회였기 때문이에요. 훈민정음 반포를 두고 반대 의견을 말한 최만리처럼 양반들은 대부분 누구나 쉽게 익혀서 쓸 수 있는 글을 원하지 않았어요. 시간이 흘러 여성들을 중심으로 훈민정음이 사용되었답니다. 주로 편지를 주고받을 때 썼어요.

조선 후기가 되면서 한글로 쓴 소설이 유행했답니다. 여러분이 잘 알고 있는 〈홍길동전〉이 최초의 한글 소설이지요. 이렇게 여성들과 백성들 사이에서 한글을 사용하는 일이 많아졌지요.

후에 조선이 일제에게 침략을 당하면서 우리말, 우리글은 힘든 시대를 맞아요. 일제 말만 쓰게 하였기 때문이에요. 이때 우리글을 지키기 위해 노력하신 분이 주시경 선생님을 비롯한 한글 학회 분들이에요. '한글'이라는 말도 이때부터 쓰기 시작한 말로 '한'은 "크다, 좋다, 옳다."라는 뜻을 가진 우리말이랍니다.

훈민정음   홍길동전   1944년
국한문 혼용 〈매일신보〉

일제에게서 독립한 뒤에도 신문이나 책에는 한자를 섞어서 쓰다가 1980년대에 들어 한글만 사용하게 되었어요. 한글만으로도 우리말을 잘 표현할 수 있기 때문이지요. 이렇게 많은 어려움을 이겨 내고 쉽게 익혀 편하게 한글을 쓸 수 있다니 우리에게 정말 행운이 아닐 수 없어요.

우리 글자는 어떻게 만들어졌을까?

여러분은 지금 쓰는 글자가 어떻게 만들어졌는지 알고 있나요? 우리 글자는 조선의 네 번째 임금, 세종대왕이 오랜 연구 끝에 만든 훈민정음이 변화하고 발전한 것이에요. 훈민정음은 '백성을 가르치는 바른 소리'라는 뜻이지요. 세종은 훈민정음을 왜 창제하였을까요?

세종이 다스리던 그때, 나라에 전염병이 돌아 많은 사람이 죽었어요. 세종은 신하들에게 병에 전염되지 않도록 하는 방법을 적어 붙이도록 했지요. 그러나 병은 점점 더 번져 갔어요. 답답해진 세종은 전염병이 돌고 있는 곳에 가서 가족을 잃은 한 백성에게 물었어요.

"병이 전염되지 않는 법을 적은 글을 못 보았느냐?"
"글이 있으면 무엇 합니까? 보고도 무슨 뜻인지 읽을 줄을 모르는데."
"1,000자 정도만 익히면 이 글은 읽을 수 있을 텐데 그조차도 힘들다는 말이냐?"
백성은 그런 세종을 답답해하며 말했어요.
"해 뜨면 일어나 일하고, 해 지면 들어와 가족 입에 풀칠하기 힘든데 글자를 익힐 시간이 어디 있겠습니까?"

더 이상 할 말이 없어진 세종은 백성들의 딱한 사정에 마음이 아팠어요. 그래서 누구나 쉽게 익혀 쓸 수 있는 글자를 만들어야겠다고 다짐했어요.
세종이 글자를 만들기로 마음먹은 데에는 또 다른 이유도 있었어요. 조선은 성리학을 기본 이념으로 세운 나라예요. 모든 백성에게 성리학의 가르침을 널리 알려야 한다고 생각했지요. 하지만 백성들이 글을 모르니 쉽지 않은 일이었어요. 그림으로 그려 가르치려고도 해 보았지만, 한계가 있었어요. 누구나 익히기 쉬운 글자를 만들어야 하는 까닭이 또 하나 있었던 셈이에요.

해 뜨면 일어나 일하고 해 지면 들어와 자고 가족들 입에 풀칠하기도 힘든데 글자를 익힐 시간이 어디 있겠습니까?

　　이런 세종의 뜻은 모두에게 환영받지는 못했어요. 조선은 글을 아는 사람이 지배 계층이 되고 그렇지 못한 사람은 지배를 받는 계층으로 나뉘는 신분제 사회였거든요. 글자는 지배층이 권력을 유지하는 기반이었답니다. 과거 시험을 보려면 한문을 공부해야만 했는데 백성에게는 쉽지 않은 일이었어요. 세종이 쉬운 글을 만들려고 한 것은 특수한 계층만이 가지는 권력을 백성들과 조금은 나누려 한 점에서 매우 놀라웠어요. 실제로 한글 창제는 지배층의 반대를 우려하여 은밀하게 진행되었다고 해요.

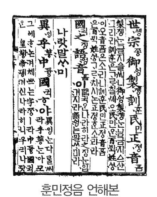

훈민정음 언해본

훈민정음 해례본

'ㄱ'은 '감'의 첫소리와 같다.

세종은 한글 만드는 일을 매우 은밀하게 진행하려고 신하들보다는 아들이었던 세자와 수양 대군, 안평 대군에게 도움을 받았다고 해요. 여러 문헌에서도 신하의 도움을 받지 않고, 국왕이 만들었다고 분명하게 적고 있어요. 아마 지배층의 반대를 피하기 위해서였을 거예요. 실제로 신하였던 최만리는 상소문에서 건강이 안 좋은 임금이 요양을 떠나면서까지 급한 일도 아닌 한글을 만드는 데 그토록 신경을 쓰는 것이 좋지 않다고 말하기도 해요. 하지만 세종은 자기가 아니면 누가 하겠냐며 연구를 놓지 않아요.

그렇게 완성된 것이 〈훈민정음〉이고, 〈훈민정음〉을 설명하는 책인 〈훈민정음 해례본〉이에요. 〈훈민정음 해례본〉은 한자로 되어 있어요. 이 책은 〈훈민정음〉이 어떻게 만들어졌는지, 어떤 글자들이 있는지를 한자로 설명하고 있지요. 이후 언해본도 만들어지는데 이는 한글로 풀어 놓은 책이에요.

한글의 자음과 모음을 살펴보자!

〈훈민정음〉은 두 가지 원리로 만들어졌어요. 원리 하나는 글자 모양을 발음 기관과 하늘·땅·사람에서 본떴고 또 다른 원리 하나는 기본 글자를 바탕으로 나머지 글자들을 만들어 조직성을 높였답니다.

한글은 닿소리(자음)와 홀소리(모음)로 이루어져 있어요. 먼저 닿소리를 살펴 볼까요? 자음이라고도 하는 '닿소리'는 발음 기관 모양을 본떠서 만들었다고 해요. 닿소리 기본 글자는 'ㄱ/ㄴ/ㅁ/ㅅ/ㅇ'이에요.

'ㄱ'은 혀의 뒷부분이 여린입천장에 닿는 모양을 본떠서 만들었어요. 여린입천 장은 입천장에 혀를 댔을 때 물렁물렁한 부분이에요. 목구멍과 가까운 부분이 지요. 거기에 획을 더하면 강한 소리가 되는데 'ㅋ'이 그것이에요.

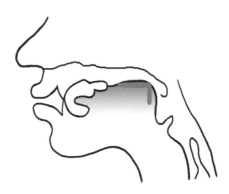

'ㄴ'은 혀끝이 윗니 바로 뒤의 잇몸에 닿는 모양을 본떠서 만들었어요. 거기에 획을 더하면 'ㄷ'과 'ㅌ'이 돼요.

'ㅁ'은 아랫입술과 윗입술이 다물어진 모양을 본떠서 만들었어요. 거기에 획을 더하면 'ㅂ/ㅍ'이 되지요.

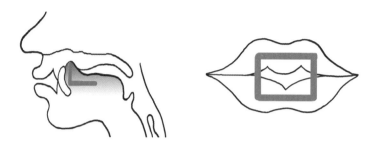

'ㅅ'은 이 모양을 본떠서 만들었어요. 거기에 획을 더하면 'ㅈ/ㅊ'이 됩니다.
'ㅇ'은 목구멍 모양을 본떠서 만들었어요. 거기에 획을 더하면 '여린 ㅎ'과 'ㅎ'이 돼요.

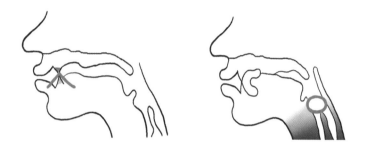

이를 정리하면 우리가 초등학교 1학년 때 배우는 'ㄱ/ㄴ/ㄷ/ㄹ/ㅁ/ㅂ/ㅅ/ㅇ/ㅈ/ㅊ/ㅋ/ㅌ/ㅍ/ㅎ'이 완성되지요.

닿소리 17자를 만든 원리 　자음 기본자 다섯 글자 만들기 〉 가획자 아홉 글자 만들기 〉 이체자 세 글자 만들기

상형 원리	기본자	가획자		이체자
혀뿌리가 목구멍을 막는 모양	ㄱ	→ㅋ		ㆁ
혀 끝이 윗잇몸에 닿는 모양	ㄴ	→ㄷ	→ㅌ	ㄹ
입의 모양	ㅁ	→ㅂ	→ㅍ	
이의 모양	ㅅ	→ㅈ	→ㅊ	ㅿ
목구멍의 모양	ㅇ	→ㆆ	→ㅎ	

모음이라고도 하는 홀소리는 '하늘·땅·사람'을 기초로 해서 만들어졌어요. 소리만이 아니라 철학적 원리를 바탕으로 만들어졌지요. 먼저 '·'는 하늘의 둥근 모양, 'ㅡ'는 땅의 평평한 모양, 'ㅣ'는 꼿꼿이 서 있는 사람의 모양을 뜻해요. 동양 철학에서는 이를 '삼재(三才)'라고 하여 만물의 근본이라고 생각하지요.

　　나머지 홀소리는 이 세 글자를 조합하여 만들었어요. '·'를 'ㅡ' 위에 쓰면 'ㅗ'가 되고, 밑에 쓰면 'ㅜ'가 되지요. 왼쪽에 쓰면 'ㅓ'가, 오른쪽에 쓰면 'ㅏ'가 되며, '·'를 두 번 쓰면 'ㅛ/ㅠ/ㅕ/ㅑ'가 되는 방식이에요. 또 'ㅗ'와 'ㅏ'를 결합하여 'ㅘ'를, 'ㅜ'와 'ㅓ'를 결합하여 'ㅝ'를 만들기도 하지요. 그리하여 현재의 'ㅏ/ㅑ/ㅓ/ㅕ/ㅗ/ㅛ/ㅜ/ㅠ/ㅡ/ㅣ'와 겹홀소리가 만들어졌습니다. 입으로 홀소리를 내는 위치를 그림으로 나타내 보겠습니다.

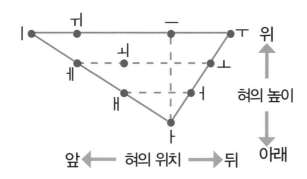

맞춤법

우리나라 사람들이 쓰고 있는 글자는 15세기에
세종대왕이 만든 훈민정음이 변화하고 발전한 것이랍니다.
시대에 따라 말이 바뀌기 때문에 말의 소리를
더 잘 나타낼 수 있도록 글자도 함께 바뀌었어요.
우리 글자는 만든 사람과 만든 시기가 정확하게 기록된
세계에서 몇 안 되는 글자 가운데 하나예요.
또 우수하기로도 유명하지요.
지금부터 친구들이 자주 헷갈리는 우리말 맞춤법들을 소개합니다.

첫 번째 여는 마당 무엇을 살펴보나요?

1장 규칙
자주 헷갈리는
맞춤법 규칙을 알아봅니다.
국립국어원 누리집에서
소개하는 기본 맞춤법 규정을
모아 놓았어요.

2장 문장 성분
문장을 이루는 성분이
각각 바뀌어 달라지는
맞춤법들을
알아봅니다.

4장 다른 뜻
비슷비슷하게
생겼지만 알고 보면
각기 다른 뜻이 있는
맞춤법들을
살펴봅니다.

3장 발음
발음과 맞춤법이
각각 다른 경우를 살펴봅니다.
들리는 대로, 말하는 대로
쓰지만 정확한 맞춤법과
거리가 있는 말들을
소개해요.

5장 표준어
우리에게 전해지는
표준어들을 살펴봅니다.
표준어를
정확하게 쓴 예와
틀리게 쓴 예를 소개하고
있어요.

6장 한자어
지금껏
순우리말인 줄 알았지만 알고 보면
한자어로 이루어진 말의
정확한 뜻을 살펴보며
올바른 맞춤법을
소개합니다.

7장 외래어 규칙
외국 문물이 들어오면서
알려진 말들의 정확한 맞춤법을
소개합니다. 라디오인지, 래디오인지,
외래어 맞춤법 규칙의
흐름을 잡습니다.

1

'규칙'을 알면 틀리지 않는대!

글을 쓸 때 어려운 점 하나가 아마 맞춤법에 맞게 쓰는 일이
지요? 친구들은 이미 맞춤법 대부분을 잘 알 거예요. 가끔 헷
갈리는 경우가 문제이지만요. '규칙을 알면' 헷갈리지 않을 수 있어요.
1장은 친구들이 알아야 할 맞춤법 규칙을 모아 정리한 장이랍니다. 1장의 내용을
잘 이해하기 위해 미리 알아두면 좋은 몇 가지 개념을 소개할게요.

낱말	뜻
첫소리, 가운뎃소리, 끝소리	'감'이라는 글자의 첫소리는 'ㄱ', 가운뎃소리는 'ㅏ', 끝소리는 'ㅁ'입니다.
명사	'나/사람/하늘'처럼 사물의 이름을 나타내는 말
대명사	'이/그/저'처럼 다른 명사를 대신하여 가리키는 말
부사	움직임을 나타내거나 상태를 나타내는 말 앞에 쓰여 그 뜻을 분명하게 하는 말
관형사	명사를 꾸며 주는 말
접두사	어떤 말의 앞에 붙어서 뜻을 더하며 새로운 단어를 만드는 말
접미사	어떤 말의 뒤에 붙어서 뜻을 더하며 새로운 단어를 만드는 말
음절	말소리의 단위
어간	동사나 형용사가 활용할 때 변하지 않는 부분
어미	동사나 형용사가 활용할 때 변하는 부분
용언	서술어의 기능을 하는 말
체언	주어나 목적어의 기능을 하는 말

'**다달이**'가 맞을까, '**다다리**'가 맞을까?

우리말 마당

?

● 진짜진짜
아리송하네?

수정이는 벌써 1년째 매달 받은 용돈을 한 푼도 쓰지 않고 모았어. 재미난 이야기를 들려주시는 할머니께 드릴 돋보기안경을 사기 위해서야. 할머니는 다 낡아서 글자가 잘 보이지 않는 돋보기를 20년 전부터 쓰고 계셨거든. 수정이가 이 정도로 노력해서 샀다는 걸 알려 드리지 않으면 분명 받지 않으실 거야. 그래서 편지를 썼지.

이야기 할머니,
그동안 재미난 이야기를
해 주셔서 고맙습니다.
할머니 돋보기안경이 너무 낡아서 글자가
잘 안 보이시는 것 같아 제가 다다리 모은
용돈으로 새것을 샀어요.
부디 사양하지 마시고
꼭 받아 주세요.

'**다달이**',
이래서 틀린대!

■ 달 + 달 + 이 = 다달이

■ '달'과 '달'이 모여서 '달달'이라고 쓰고 싶지? 끝소리가 'ㄹ'인 말과 다른 말이 어울릴 때 'ㄹ' 소리를 내려면 힘들어서 'ㄹ'을 적지 않아.

■ '다달'에 '이'가 붙어 '다달이'가 됐다고 생각해서 읽는 소리 그대로 '다다리'라고 쓰지는 않니?

자, 편지에서는 '다다리'라고 쓰고 있지? 하지만 '다다리'가 아닌 '다달이'가 맞는 맞춤법이란다. 왜 '다달이'가 맞는 맞춤법인지 함께 살펴볼까?

'다달이'
들여다보기

*표준어
한 나라에서 널리 쓰기로 약
속한 말. 우리나라에서는 교
양 있는 사람들이 두루 쓰
는 현대 서울말로 정했어요.

한글 맞춤법은 *표준어를 소리대로 적되, 어법에 맞도록 함을 원칙으로 한다.

한 달, 두 달……. 달이 계속된다는 뜻으로 쓰이는 '다달이'라는 말이 있습니다. 이 말을 발음할 때 [다다리]라고 소리가 나지요? 그런데 왜 '다달이'라고 적어야 할까요? 원래는 '달달이'가 맞아요. 하지만 끝소리가 'ㄹ'인 말과 다른 말이 어울릴 때 'ㄹ' 소리가 나지 않으면 'ㄹ'을 쓰지 않는다는 원칙 때문에 처음 '달'의 받침 'ㄹ'은 적지 않는답니다.

또 한글 맞춤법 규정인 '어법에 맞도록 함을 원칙'으로 해서 '달'의 뜻을 훼손하지 않기 위해 '다달이'라고 써야 합니다. 향기롭고 아름다운 '꽃'이 어떻게 쓰이는지 살펴보면 이를 더 쉽게 이해할 수 있어요.

쓸 때	말할 때	쓸 때	말할 때	쓸 때	말할 때
꽃이	꼬치	꽃을	꼬츨	꽃에	꼬체
꽃나무	꼰나무	꽃놀이	꼰노리	꽃망울	꼰망울
꽃과	꼳꽈	꽃다발	꼳따발	꽃밭	꼳빧

'꽃'이 '이'를 만나면 [꼬치], '을'을 만나면 [꼬츨], '과'를 만나면 [꼳꽈], '놀이'를 만나면 [꼰노리]라고 소리 나지요? 모두 같은 뜻을 나타내는 '꽃'의 형태를 살려서 '꽃이/꽃을/꽃과/꽃놀이'라고 써야 합니다.

'다달이'와 같은 말인 한자어 '매달'도 표준어랍니다. 되도록 우리의 고유어로 말소리도 더 예쁜 '다달이'라는 표현을 더 많이 쓰면 좋겠습니다.

'어깨'가 맞을까, '억개'가 맞을까?

우 리 말 마 당

? 진짜진짜
아리송하네?

수정이는 오늘 착한 일을 하려고 했다가 창피해서 혼났어. 무슨 일이 있었냐고? 재미난 이야기를 자주 들려주는 이야기 할머니께 감사하고 싶었어. 안마해 드리려고 할머니가 늘 계시는 곳에 갔는데 안 계시지 뭐야? 그래서 남겼던 수정이의 쪽지가 문제였단다.

할머니, 오늘도
이야기가 아주 재미있었어요.
힘드시죠? 제가 억개를
주물러 드릴게요.

수정이 올림

'어깨',
이래서 틀린대!

■ 억게 → 엇게 → 어깨
  이렇게 바뀌었대!

■ '어깨'는 '엇'이나 '억'에 '개'가
  붙어서 된 말이 아니야.

■ '어깨'를 [얻깨]라고 발음하면
  '엇깨'라고 잘못 쓸 수도 있어.

목·허리
무릎
어깨

사진에서 '어깨'라는 부분이 보이지? 목과 팔을 이어 주는 부위를 나타낼 때 쓰는 이 말을 '억개'라고 쓰면 틀린 표현이란다. 지금부터 정확한 맞춤법은 무엇인지 살펴볼까?

'어깨'
들여다보기

*음절
말소리의 단위입니다. '아침'
이라는 말에서 '아'도 한 음
절, '침'도 한 음절이에요.

*첫소리
한 음절에서 처음 소리 나
는 닿소리. '침'에서 첫소리는
'ㅊ'입니다.

한 단어 안에서 뚜렷한 까닭 없이 나는 된소리는 다음 *음절의 *첫소리를 된소리로 적는다.

'어깨'는 한 단어에서 뚜렷한 까닭 없이 발음되는 된소리가 있는 말입니다. 이 럴 때는 다음 음절의 첫소리를 된소리로 적어야 해요. '어깨' 외에도 '소쩍새/오빠/ 으뜸/아끼다/기쁘다/깨끗하다/가끔/거꾸로/어찌/이따금'도 그런 말이랍니다.

소쩍새에서 '소쩍'은 소쩍새의 울음소리를 흉내 낸 말이라, '솔적'이라거나 '솟적' 으로 나누어 쓸 이유가 없답니다. 어떤 사람들은 소쩍새의 어원이 "솥이 적다."라 는 말이라고 생각하기도 하지만 인정되지 않아서 '소쩍'이라고 적어야 해요.

또 'ㄴ/ㄹ/ㅁ/ㅇ' 받침 뒤에서 나는 된소리도 다음 음절의 첫소리를 된소리로 적 어야 합니다. '산뜻하다/살짝/담뿍/몽땅'이 그렇습니다.

산뜻하다	살짝	담뿍	몽땅

여기서 조심할 점 하나는 '산뜻하다'도 표준어지만 '산듯하다'도 표준어라는 사실 이에요. 된소리로 발음하지 않고 작은 느낌을 줄 경우, 그렇게 적어도 틀리지 않다 는 점도 잘 기억해 두세요.

'ㄱ/ㅂ' 받침 뒤에는 된소리로 적지 않는다는 점도 알아야 해요. '싹둑'은 맞지만 '싹뚝'은 틀린 표현이거든요. '싹둑'이라고 적고 [싹뚝]으로 발음해야 해요. 조금 헷갈 리지요? '국수/갑자기/깍두기/딱지/색시/법석/몹시'가 그러하니 잘 기억해 두세요.

싹둑	국수	법석

'나는'이 맞을까, '날으는'이 맞을까?

? 진짜진짜
아리송하네?

수정이는 일어나자마자 종이와 연필을 찾았어. 어젯밤에 꾼 정말 좋은 꿈을 잊기 전에 얼른 적어 두려고 말이야. 그런데 하늘을 '나는' 꿈이라고 써야 하는지, 하늘을 '날으는' 꿈이라고 써야 하는지 헷갈리지 않겠어?

수정이가 쓴 내용을 볼래?

하늘을 날으는 꿈
갑자기 몸이 붕 뜨더니
어느새 내가 날고 있었다.
내 밑에는 산도 있고 바다도 있었다.
속도가 빨라졌다 느려졌다 했다.

'나는'
이래서 틀린대!

잘못 쓴 곳이 보이지? 친구들은 왠지 '날으는'이라고 써야 하늘을 나는 느낌이 더 강하게 들 거라고 생각하기도 해. 하지만 이 '날으는'은 틀린 맞춤법이란다. 지금부터 '나는'이 왜 맞는 맞춤법인지 살펴볼까?

- 날다 + -는 = 나는
  (ㄹ이 빠지지?)
- 어간의 끝 'ㄹ'이 줄어들 때는 줄어든 대로 적어야 해.
- '날다'는 맞지만 '날으다'는 틀려. '날다'는 '날고/나니/나는/납니다'로 바뀌어.
- 혹시 '날으다'로 발음하지는 않니?

*어간과 어미

우리말에는 모양이 바뀌는 말이 있는데 바뀌지 않는 부분을 어간, 바뀌는 부분을 어미라고 해요. 이를테면 '작다'라는 말은 '작고/작으니/작아서/작으니까' 등으로 바뀌는데 여기서 바뀌지 않는 '작'은 어간, '–다/–고/–으니/–아서/–으니까'는 어미라고 해요.

기본형
작다   **작으니**   **작아서**
            어간   어간
            어미   어미

어미가 바뀔 경우, 그 ***어간**이나 ***어미**가 원칙에
벗어나면 벗어난 대로 적는다.

'날다'는 뒤에 오는 어미에 따라 모양이 바뀌는 말입니다. 기본형은 '날다'이고, '날–'이 어간이에요. '날고/날며/날아서' 등은 말의 뿌리가 되는 부분이 바뀌지 않은 경우이지만 '나는/납니다/나니'는 어간에서 'ㄹ'이 줄어들었어요. 이를 '리을 불규칙 활용'이라고 해요.

날 + 는 = 나는

'ㄹ'이 사라졌어!

'놀다'도 마찬가지입니다. '노는'이 맞지만, '놀으는'처럼 틀리게 쓰기도 해요. 자기가 하는 말의 뜻을 상대방이 더 잘 알아듣기 바라는 마음에서 'ㄹ'이 줄어들지 않은 상태로 소리 내려는 습관 때문이에요. 이렇게 하면 상대방이 그 뜻을 더 못 알아들을 수 있다는 사실을 잊지 마세요.

'날다'처럼 어간의 뜻 'ㄹ'이 줄어드는 말에는 '갈다/놀다/불다/둥글다/어질다' 등이 있습니다. 이때는 'ㄹ'이 줄면 줄어든 대로 적어야 해요.

'굳이'가 맞을까, '구지'가 맞을까?

?

● 진짜 진짜
아리송하네?

수정이는 오늘 영태와 했던 탐정 놀이를 일기로 쓰기로 했어. 탐정 놀이는 흥미진진했거든. 정말 탐정이 된 것처럼 돋보기를 들어 이것저것 살피기도 하고, 생각에 잠기기도 했지. 그러다 쓰레기통을 뒤지는 영태의 모습이 떠올랐어. 그때 일을 이렇게 썼지 뭐야?

2018년 ○○월 ○○일
제목 : 탐정 놀이

탐정 놀이를 했다. 영태랑 내가 탐정이다. 우리는 방 구석구석을 먼지 하나도 놓치지 않기 위해 돋보기로 살폈다. 그런데 영태는 쓰레기통까지 뒤지고 있었다.
구지 그렇게까지 해야 하나? 정말 꼼꼼한 친구다.

'굳이',
이래서 틀린대!

■ 굳- + -이 = 굳이

■ '굳이'는 '굳다'에서 온 말이야.

■ 'ㅈ' 소리가 나는데 'ㄷ'을 적으려니 이상해서 '구지'라고 적지는 않니?

■ 'ㄷ'이 'ㅣ'를 만났을 때 [디]보다 [지]라고 해야 더 발음하기 쉽거든.

일기에서 '구지'라고 쓰고 있네? 소리는 [구지]인데 왜 '궂이'나 '구지'로 쓰면 틀린 맞춤법일까? 지금부터 왜 '굳이'가 맞는 맞춤법인지 함께 살펴볼게.

이 말은 형이 나은지 동생이 나은지 잘라 말하기가 어렵다는 뜻이다. 진식은 둘 가운데 누가 더 나은지 알고 있었다. 하지만 손자들에게 한쪽이 더 낫다고 말하면 그렇지 않은 쪽이 크게 상처를 받을 게 틀림없었다. 그래서 굳이 어느 쪽이 낫다고 말하지 않았다.

*원형

'본디의 꼴'을 뜻하는 말이
에요. 바탕이 되는 형태라는
뜻이지요. '굳이'라는 말의
원형은 '굳다', '많이'라는 말
의 원형은 '많다'입니다.

어간에 '－이'가 붙어서 부사로 된 것은 그 어간의 *원형을 밝히어 적는다.

'굳이'는 '단단한 마음으로 굳게, 고집을 부려 구태여'의 뜻을 가진 부사어입
니다. 따라서 "무른 물질이 단단하게 되다."라는 뜻의 '굳다'라는 단어에서 온 말
임을 알 수 있어요. 소리가 [구지]로 난다고 해서 '구지' 또는 '궂이'라고 적으면
안 된답니다. 받침 'ㄷ'이 'ㅣ'와 만나면 [지] 소리로 발음한다는 발음 규칙, 구개음
화와 연결지어 생각하세요.

〈구개음화 예〉	
맏이	: ㄷ + ㅣ = [마지]
미닫이	: ㄷ + ㅣ = [미다지]
해돋이	: ㄷ + ㅣ = [해도지]

'ㄷ'이 'ㅣ'와 만나 [지] 소리가 나는 말에는 '굳이' 외에 '미닫이/해돋이/곧이듣
다' 등이 있어요. '－이'가 붙어서 부사가 되는 말에는 '굳이' 말고도 '같이/길이/
높이/많이/실없이' 등이 있답니다. '같이'는 '같다'라는 말에서 왔어요. 소리는 [가
치]라고 나지만 '같－'이라는 어간의 형태를 살려 적고 [가치]라고 발음해야 해요.
'길다'의 '길－'에 '－이'가 만나서 부사가 된 '길이'도 마찬가지랍니다. "그 뜻을 길
이 빛내리라."라고 할 때 소리 나는 대로 [기리]라고 적지 않고 형태를 밝혀서 '길
이'라고 적어야 그 뜻을 더 쉽게 알 수 있어요.

'핑계'가 맞을까, '핑게'가 맞을까?

? 진짜진짜
아리송하네?

수정이는 힘들게 일하고 돌아오신 엄마께 어질러진 부엌이 모두 동생 탓이라고 했던 일을 반성했어. 엄마의 실망하신 표정이 내내 마음에 걸렸거든. 그래서 쪽지로 죄송하다는 말을 전하려고 이렇게 썼대.

엄마, 아까는 정말 죄송했어요.
동생이랑 함께 부엌을
어지럽혀 놓고
동생 핑게만 댔어요.
정말 죄송해요.

'핑계',
이래서 틀린대!

- 무덤 뒤쪽에 만든 인위적 능선 '핑계'에서 유래한 말이야.
- 'ㅖ'와 'ㅔ'의 구별이 어렵지?
- 'ㅖ'와 'ㅔ'가 있는 말에서 'ㅖ'와 'ㅔ'를 어떨 때 쓸지 모르겠지?

수정이가 쓴 '핑게'라는 말이 보이니? 이 '핑게'는 틀린 맞춤법이란다. 아마 '핑계'를 잘못 쓴 듯해. 지금부터 친구들이 왜 이렇게 잘못 쓰는지, 왜 '핑계'로 써야 하는지를 함께 살펴볼까?

을 듣게 하려고 무수히 설득했습니다. 하지만 눈처럼 맑은 절개와 일월처럼 밝은 강 낭자 마음이 변할 리가 없었어요. 이 핑계 저 핑계를 대며 피하다가 ⓐ관장에게 모진 소리도 듣고 관비에게 매도 많이 맞았으니 그 가여운 모습은 차마 눈 뜨고 보지 못할 정도였지요.

'계/례/몌/폐/혜'의 'ㅖ'는 'ㅖ'로
소리 나는 경우가 있더라도 'ㅖ'로 적는다.

사실을 감추려고 다른 일을 내세우거나 이리저리 돌려 하는 변명이 바로 '핑계'의 어원이랍니다. 하지만 이 '핑계'를 왜 이렇게 어렵게 적는지 궁금할 거예요.

옛날, 조상들은 무덤 뒤쪽에 들어오는 빗물을 막으려고 '핑계'라는 능선을 만들었어요. 그래서 "핑계 없는 무덤이 어디 있느냐?"라는 말이 생겼지요.

여러분은 '핑계'에서 'ㅖ'와 'ㅔ' 발음을 정확하게 할 수 있나요? 'ㅖ'는 'ㅕ'와 'ㅣ'가, 'ㅔ'는 'ㅓ'와 'ㅣ'가 만난 소리입니다. 'ㅔ'는 'ㅖ'보다 입술을 좀 더 옆으로 평평하게 해서 소리를 내야 해요. '핑계'는 어떻게 발음해야 할까요? [핑계/핑게] 두 소리 모두 표준어 발음이에요. '핑계'는 '계시다/사례/연예/폐품/혜택'과 더불어 'ㅖ' 소리가 나지요? 이들은 '계/례/몌/폐/혜'의 경우라서 'ㅖ'로 적어야 하는 글자랍니다.

계시다/사례/폐품/혜택
→ 계/례/폐/혜

'계시다'와 '핑계'를 뺀 예들은 모두 한자어라서 한자의 음에 따라 각각 '례/폐/혜/예'로 쓰지만, 고유어인 '핑계/계시다'도 'ㅖ'로 써야 해요. '시계'는 어떨까요? '때 시'와 '셀 계' 자로 이루어진 한자어라서 [시게]라고 발음하지만 적을 때는 '시계'라고 적어야 합니다.

이 규칙에는 예외도 있어요. '게시판/휴게실'은 한자의 본음을 살려 '게'로 적어야 합니다. '으레'와 '케케묵다'도 'ㅔ'로 적어야 하지요.

06 '연세'가 맞을까, '년세'가 맞을까?

?

● 진짜진짜
아리송하네?

오늘 수정이네 집에 할머니 친구분이 놀러 오셨어. 할머니 친구분이 동생에게 나이를 물어보셔서 동생은 손가락으로 4를 만들어 보여 드렸어. 그러고는 버릇없이 "할머니, 몇 살이야?"라고 말하지 않겠어? 수정이는 그때 있었던 일을 잊을 수가 없어서 일기로 썼대.

2018년 ○○월 ○○일

제목 : 손님

할머니 친구분이 놀러 오셨다. 할머니 친구분께서 동생 보고 "몇 살인고?"라고 물으셨다. 동생이 손가락 네 개를 펴며 "네 살."이라고 하고선 "할머니는 몇 살이야."라고 말해서 모두 크게 웃었다. 그런 동생을 보고 할머니께는 년세라고 해야 하는데 생각하면서도 귀여웠다.

'연세',
이래서 틀린대!

■ 어떤 때는 '년'으로 쓰기도 해서 많이 헷갈릴 거야.

■ 한자음이 '해 년(年)'이라 '년' 자 그대로 쓰지는 않니?

■ 북한어에서는 실제로도 '년세'로 쓰기도 한대.

어른들께 나이를 높여 말하는 건 좋은데 '년세'라고 틀리게 썼지? 오늘은 '년세'인지 '연세'인지 헷갈리는 친구들에게 정확한 맞춤법을 알려 주려고 해.

사람들이 배꼽을 잡고 웃었다. 할머니의 노래가 끝나자 사회자가 할머니를 붙잡았다.

"장봉주 할머니, 올해 연세가 어떻게 되세요?"

'연세'
들여다보기

＊두음 법칙 정리

다음 한자어들이 단어 첫머리
에 올 때만 이렇게 바뀌어요.

녀 → 여
뇨 → 요
뉴 → 유
니 → 이
랴 → 야
려 → 여
례 → 예
료 → 요
류 → 유
리 → 이
라 → 나
래 → 내
로 → 노
뢰 → 뇌
루 → 누
르 → 느

한자음 '녀/례/랴' 등이 단어 첫머리에 올 때는 각각 '여/예/나'로 적는다.

'녀/뇨/뉴/니', '랴/려/례/료/류/리', '라/래/로/뢰/루/르'가 단어 첫머리에 올 때 글자 그대로 발음하기가 조금 어렵습니다. 사람들은 어려운 발음을 쉽게 하려는 경향이 있어요. 그래서 이런 글자가 단어의 첫머리에 오면 보다 쉬운 발음으로 바꾸어 소리 낸답니다. 이렇게 단어 첫머리에서 바뀐 소리를 적는 것을 '두음 법칙'이라고 해요.

〈두음 법칙 예〉

녀자 → 여자   량심 → 양심   래일 → 내일

위의 예 이외에도 '유대/역사/예의/용궁/유행/이발', '낙원/노인/누각'이 그런 예입니다. 이 단어들은 모두 한자어예요. 한자어는 중국에서 온 말이기 때문에 중국어 발음의 영향이 있습니다. 다만, 이런 말이 단어 첫머리에 오지 않는다면 모두 원래 소리대로 적어야 해요. '남녀/사례/우뢰'처럼 말이에요.

- 용 룡(龍) + 궁궐 궁(宮) = 룡궁 → 용궁
- 즐길 락(樂) + 동산 원(園) = 락원 → 낙원
- 사내 남(男) + 계집 녀(女) = 남녀 → 남녀

계집 녀는 뒤에 와서 그대로 쓰네?

두음 법칙이 어려운 까닭은 예외가 많아서예요. '고얀 녀석'의 '녀석', '비율/백분율/선율', '육체노동' 같은 말이 그러하답니다. 많이 써 보고 익혀야 우리말 실력이 늘겠지요?

'딱딱하다'가 맞을까, '딱닥하다'가 맞을까?

우 리 말 마 당

?

진짜진짜
아리송하네?

알뜰 시장에서 수정이네 모둠은 직접 만든 과자를 팔기로 했어. 모양도 색깔도 다양한 과자를 책상 위에 정리하고 가격표도 붙였지. 참, 잊지 말아야 할 게 있었어. 과자를 먹을 때 주의해야 할 사항이 있었거든! 수정이는 과자를 사는 사람들이 잘 볼 수 있게 이렇게 썼대. 뭐라고 썼는지 볼까?

맛있는 과자가
단돈 500원!

단,
딱닥하니 이가 약한 분은
조심하세요!

'딱딱하다',
이래서 틀린대!

'딱닥한'이라고 잘못 쓴 맞춤법이 보이지? 지금부터 '딱닥하다'를 왜 '딱딱하다'로 써야 하는지 함께 살펴볼까?

■ 딱딱 + −하다 = 딱딱하다

■ 소리 나는 대로 쓰려고 하지는 않았니?

■ 같은 글자가 겹쳐 있어서 쓰기가 어색했을지도 몰라.

새로 오나라 왕이 된 부차는 복수를 맹세했다. 그는 그 맹세를 잊지 않으려 부드러운 자리를 버리고 딱딱한 장작더미를 깔고 누웠다. 그리고 아침저녁으로 궁을 출입할 때마다 사람들에게 이렇게 외치도록 했다.
"부차야, 너는 월나라 사람들이 네 아버지를 죽인 일을 잊었느냐?"

'딱딱하다' 들여다보기

한 단어 안에서 비슷한 음절이 겹쳐 나는 부분은 같은 글자로 적는다.

몹시 크고 단단한 무엇을 말할 때 '딱딱하다'라는 말을 씁니다. 이 말은 땅을 뜻하는 *르완다어 'taka'에서 "땅바닥처럼 단단하다."라는 뜻이 전해졌어요.

소리나 모양을 흉내 내는 말에는 한 단어 안에 같은 글자가 겹치는 형태가 많이 있어요. 그런 때는 발음이 조금 다르더라도 같은 글자로 적는 게 원칙이랍니다. '딱딱/쌕쌕/씩씩/똑딱똑딱/쓱싹쓱싹/꼿꼿하다/눅눅하다/싹싹하다/씁쓸하다/짭짤하다' 등이 그런 말이에요. 소리 내어 읽어 보면 [딱닥/쌕색/씩식] 등으로 발음해야 더 자연스럽게 느껴질 거예요. 그런데 왜 같은 글자로 적을까요? 같은 글자의 반복이 뜻을 파악하는 데 더 편리하기 때문이랍니다. '씩식'은 '씩씩'보다 조금 덜 '씩씩'한 느낌이 들지 않나요?

같은 한자어가 겹치기도 해요. '유유상종/누누이' 등도 '유류상종/누루이'라고 쓰지 않고 같은 글자를 두 번 쓴답니다. 이는 발음이 그렇게 굳어졌기 때문이에요.

지금껏 살펴본 규칙과는 다른 예외도 있어요. '낭랑하다/늠름하다'가 그런 예랍니다. 이들은 '낭낭하다/늠늠하다'로는 쓰지 않고 원래 발음이 그렇기 때문에 다르게 쓰고 있답니다.

*르완다어가 한국어와 비슷하다고?

아프리카 중부 산악 국가 르완다는 여러 접두사를 떼면 한국어와 많이 비슷해요. 실제로 봄, 여름 등과 어제, 오늘 등 우리말 기초 어휘는 르완다어에서 유래했어요. 15만 년 전 아프리카에서 인류가 생겼다는 이야기를 들어봤지요? 아프리카에서 퍼진 인류가 이동해 오늘날 한반도에 정착했다고 보고 있어요. 이 덕분에 르완다어가 한국어에 많이 영향을 주지 않았나 보고 있답니다.

1 장

01 다음 괄호에서 올바른 맞춤법을 고르세요.

> **보기**
>
> 우리 집에서 내가 (망내 , 막내)이다.

- 피아노 학원비를 (다달이, 다다리) 내고 있어요.
- (하느리, 하늘이) 파란 까닭은 공기 때문이야.
- 마시면 (늑찌, 늙지) 않는 신기한 샘물이었어요.
- 이것 봐, 목련 나무에 (꽃망울, 꼰망울)이 맺혔어.
- 깊은 밤, (솟적새, 소쩍새) 울음소리가 슬프게 들려요.
- (잇다금, 이따금) 전학 오기 전 친구들이 생각나요.
- 상을 받은 뒤, (어깨, 엇개)에 힘이 들어갔어요.

02 다음 보기에서 올바른 맞춤법을 골라 번호를 쓰세요.

- 나는 김치보다 ( )가 더 좋아.
- ( ) 색깔의 넥타이가 더 잘 어울리겠어요.
- 지현이는 나와 잘 ( ) 친구예요.
- 휘파람을 잘 ( ) 신기한 아저씨.
- 어제 하늘을 ( ) 꿈을 꿨어요.
- ( ) 나무로 쌓기는 힘들어요.
- 나랑 ( ) 가면 안 돼?

> **보기**
>
> ① 나는 ② 같이 ③ 깍두기 ④ 산뜻한 ⑤ 노는 ⑥ 부는 ⑦ 둥근

03 괄호에 들어갈 올바른 맞춤법을 이어 보세요.

그분의 업적을 (　) 빛내자. •　　　　　　• 미닫이

(　) 오늘 가야 해요? •　　　　　　• 샅샅이

이런 문을 (　)문이라고 해요. •　　　　• 계실

쓰레기통을 그렇게 (　) 보는 까닭이 뭐야? •　　• 핑계

넌 늘 그런 식으로 (　)만 대는구나. •　　　• 굳이

(　)에 적혀 있었어. •　　　　　　• 길이

할아버지께서 집에 (　) 동안 잠깐 나갔다 올게요. •　• 게시판

04 다음 문장에서 틀린 부분을 고쳐 보세요.

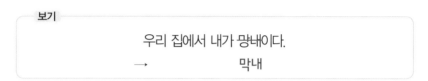

보기

우리 집에서 내가 맹내이다.
→　　　　　　막내

• 선물받은 시계를 잃어버렸어요.

→

• 페품을 모아서 만든 장난감이야.

→

• 년세 지긋한 노신사.

→

• 좋아하는 과목을 백분률로 나타내 보자.

→

• 우리가 력사를 배우는 까닭은 뭘까요?

→

• 래일 3시에 만나자.

→

05 길잡이에서 올바른 글자를 골라 빈칸을 채워 보세요.

보기

우리 집에서 내가 막내이다.

- 이곳이 우리 동네 □발소에서 가장 인기가 많아.
- 다이아몬드는 가장 딱□한 광물이야.
- 시 낭송에는 낭□한 목소리가 제격.
- 동생이 씩□하게 주사를 맞아서 다행이야.
- 역시 생선구이는 짭□한 맛이 매력이지.
- 시계는 아침부터 똑□□딱.

길잡이

딱똑, 딱, 씩, 이, 짤, 랑

2

'문장 성분'을 알면 틀리지 않는대!

맞춤법을 헷갈리지 않으려면 '문장 성분'을 잘 알아야 해요.

문장 성분이 뭘까요? 바로 문장을 구성하는 요소를 말해요.

우리말을 구성하는 요소에는 꼭 필요한 주어·서술어·목적어·보어와 이런 요소들의 뜻을 더하여 주는 부사어와 관형어, 그리고 앞에 말한 요소들과 직접 관련을 맺지 않고 따로 떨어져 있는 독립 요소, 독립어가 있어요.

몇 가지 문장의 예를 볼까요?

> 1. 와, 수정이가 빨간 사과를 맛있게 먹네!
>   → 이 문장에는 '독립어·주어·관형어·목적어·부사어·서술어'가 있어!
>
> 2. 수정이는 어른이 아니다.
>   → 이 문장에는 '주어·보어·서술어'가 있어!

낱말		뜻	예
주성분	주어	서술어가 나타내는 동작이나 상태의 주체	1. 수정이가 2. 수정이는
	목적어	동작의 대상이 되는 말	1. 사과를
	보어	주어와 서술어만으로 뜻이 완전하지 못한 문장에서 불완전한 곳을 보충하는 말	2. 어른이
	서술어	문장에서 주어의 움직임·상태·성질 따위를 서술하는 말	1. 먹네! 2. 아니다.
보조 성분	관형어	체언 앞에서 그 뜻을 꾸며 주는 말	1. 빨간
	부사어	용언의 내용을 한정하는 말	1. 맛있게
독립 성분	독립어	문장의 다른 성분과 밀접한 관계없이 독립적으로 쓰는 말	1. 와,

각 요소를 보다 정확하게 이해하려면 체언과 용언이 무엇인지 알아야 합니다.

체언은 문장에서 주어 기능을 하는 말을 통틀어 이릅니다.

명사·대명사·수사 등이 그러하지요.

용언은 문장에서 서술어의 기능을 하는 말이에요. 동사, 형용사를 통틀어 이르지요. 앞의 문장에서 '수정이/사과/어른'은 체언, '빨간/맛있게/먹네/아니다'는 용언입니다. 체언은 문장에서 그 모양이 바뀌지 않고, 용언은 바뀌는 부분이 있답니다. 이런 부분을 염두에 두고 올바른 맞춤법들을 살펴볼까요?

2장에서는 문장 성분과 관련된 맞춤법들을 함께 알아볼 거예요.

'비로소'가 맞을까, '비로서'가 맞을까?

우 리 말 마 당

? 진짜진짜
아리송하네?

수정이는 내일 주장하는 말하기 시간에 친구들에게 어떤 주장을 하면 좋을지 생각해 봤어. "복도에서 뛰지 말자."거나, "조용히 하자."와 같은 내용은 너무 흔해서 재미가 없다고 생각했지. 고민 끝에 생각한 주장은 바로 "천천히 살자."였어. 수정이가 주장하려는 글을 제대로 썼는지 한번 볼까?

천천히 살자
우리는 너무 바쁘게 삽니다. 아침에 일어나서 학교에 다녀오고 또 학원에 갑니다. 잘 때까지 우린 너무 바쁘게 삽니다. 그래서 저는 주장합니다. 천천히 삽시다. 천천히 살면 비로서 보이는 것들이 있습니다. 친구의 서운한 얼굴, 엄마의 까칠한 피부, 개미의 움직임……

'비로소',
이래서 틀린대!

■ 비롯- + -오 = 비로소
('비롯-'에 'ㅗ'가 붙어서 이루어졌어.)

■ 평소에 '비로서' 또는 '비로써'라고 말하는 습관이 있지는 않니?

■ '비로소'와 비슷한 방법으로 만들어진 단어가 드물어서 헷갈리는 건 아니니?

주장하는 글에서 '비로서'라고 써 놓은 부분이 보이니? 이 '비로서'는 틀린 표현인데 왜 '비로소'가 맞는 맞춤법인지 함께 살펴보자.

비로소 물에 들어갈 시간이 다가오자 심청은 두 손을 모으고 일어서며 하느님께 빌었습니다.

*접미사가 붙어서 된 말 어간에 '-이', '-음' 이외의 모음으로 시작된 접미사가 붙어서 다른 *품사로 바뀐 것은 그 어간의 원형을 밝히어 적지 아니한다.

'비로소' 들여다보기

*접미사
뒤에 붙어서 새로운 단어가 되게 하는 말이에요. 접미사 '-보'가 붙으면 용언인 '먹-' 이 '먹보'라는 체언으로 바뀌지요.

*품사
단어를 기능·형태·의미에 따라 나눈 갈래입니다. 명사·대명사·수사·조사·동사·형용사·관형사·부사·감탄사가 있어요.

'비로소'를 이야기하기 전, 품사와 접미사를 잠깐 살펴보겠습니다. 이 문장 성분과 '비로소' 맞춤법 규칙이 관련 있거든요.

우리말에는 9가지 품사가 있습니다. 명사·대명사·수사·동사·형용사·관형사·부사·조사·감탄사가 그것이에요. 단어 형태가 바뀌는지, 문장에서 어떤 기능을 하는지, 뜻에 어떤 특성이 있는지 등에 따라 나눕니다.

그중 움직임을 나타내는 말 '비롯하다'는 형태가 바뀌기 때문에 동사라고 할 수 있습니다. 동사 '비롯하다'에는 다른 말과 결합하여 형태가 변하는 부분과 변하지 않는 부분이 있습니다. 형태가 변하지 않는 부분을 '어간'이라고 하는데 '비롯하다'에서는 '비롯-'이 어간입니다. 어간인 '비롯-'에 부사를 만드는 접미사 'ㅗ'가 붙으면 '비로소'라는 부사가 된답니다.

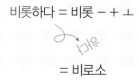

비롯하다 = 비롯 − + ㅗ
　　　　　　　　　　더음
　　　　　　 = 비로소

동사에서 부사로 바뀌었네?
규칙에 따라 품사가 바뀌었으니
소리 나는 대로 써야지!

'너무/도로/자주/차마'가 그 예라고 볼 수 있답니다. '도로'는 '돌다'의 어간 '-돌-'에 'ㅗ'가 붙어 '비로소'와 가장 닮은 말이에요. '너무'는 '넘다', '자주'는 '잦다', '차마'는 '참다'에 'ㅜ'와 'ㅏ'가 붙은 말로 소리 나는 대로 적어야 해요.

'비로소'는 사람들이 '비로서'라고 발음하곤 해요. '비롯-'이 'ㅣ'와 만났다고 생각하거나 흔히 쓰는 '-로서/-로써'가 있어서 헷갈리는 경우랍니다.

02 '드러나다'가 맞을까, '들어나다'가 맞을까?

우 리 말 마 당

?
● 진짜진짜
아리송하네?

오늘은 만우절이야. 수정이는 쉬는 시간에 거짓말 대회를 열었어. 실은 이 대회 자체가 거짓말이라고 하려 했는데 일이 커져 버렸지 뭐야? 아이들이 몽땅 몰려와서 진지하게 참가하는 바람에 대회가 거짓말이었다고 얼버무리고 말았어. 그런데 수정이가 거짓말 대회를 열려고 쓴 글을 봐. 이상한 부분이 보이니?

거짓말 대회에 초대합니다!
평소에 거짓말을 잘하는 친구,
거짓말할 때 티가 안 나는 친구,
거짓이 들어나도 당당한 친구,
모두 환영합니다.
점심 먹고 참가하세요!

'드러나다',
이래서 틀린대!

■ 들- + -어 + 나- = 드러나다

■ '들다와 나다가 합쳐져서 만들어진 단어라고 생각하지 않니?

■ '들통나다' 때문에 '들어나다'라고 생각한 건 아니니?

수정이가 쓴 '들어나도'는 뭔가 이상하지 않니? "거짓말이 밝혀지다."를 나타내는 말은 '드러나다'가 옳은 맞춤법이야. 오늘은 '들어나다'인지 '드러나다'인지 헷갈리는 친구들을 위해 틀리지 않게 쓰는 방법을 알려 줄게.

하지만 김구 선생이 처한 상황만큼은
점점 더 무섭다고 느낄 거야.
선생의 올곧음과 당당함이 처음으로 도드라지게 드러나거든.

*용언의 어간과 어미는 구별하여 적는다.
본뜻에서 멀어진 것은 소리 나는 대로 적는다.

'드러나다'
들여다보기

*용언
문장에서 서술어 기능을 하는 말입니다. '작다'는 모양이 바뀌는 부분과 '작-'처럼 모양이 바뀌지 않는 부분이 있어요. 모양이 바뀌는 부분을 어미, 모양이 바뀌지 않는 부분을 어간이라고 합니다.

우리말 문장 성분 가운데 문장에서 주로 서술어 역할을 하는 '용언'이 있어요. 체언과는 달리 모양이 바뀌며 문장에서 다양하게 사용된답니다.

나는 키가 작다.
용언

먹다 → 먹고, 먹으니, 먹어서
'먹다'라는 뜻은 여전하네.

'드러나다'는 두 용언이 어울려 하나의 용언이 된 경우로 보입니다. 이럴 경우, 원래는 그 원형을 밝혀 적어야 해요. 하지만 '드러나다/사라지다/쓰러지다'처럼 원래의 뜻에서 멀어진 것은 소리 나는 대로 적는 게 원칙입니다.

'드러나다'는 "가려 있거나 보이지 않던 것이 보이다, 알려지지 않은 사실이 널리 밝혀지다, 겉에 나타나 있거나 눈에 띄다."라는 뜻을 가진 말이에요. '들다'라는 말의 뜻과는 거리가 있지요? 그래서 원형을 밝혀 적지 않습니다.

이와 달리, '넘어지다'는 '넘다'라는 뜻이 있다고 여겨져서 원형을 밝혀 적어야 한답니다. 대부분은 원래의 뜻이 있어 원형을 밝혀 적습니다. '돌아가다/벌어지다/접어들다' 등이 그런 예랍니다.

03 '책이오'가 맞을까, '책이요'가 맞을까?

우리말 마당

? 진짜진짜
아리송하네?

수정이는 도서관에서 재미있게 읽은 〈금도끼 은도끼〉 이야기를 집에서 작은 책으로 만들기로 했어. 착한 나무꾼은 욕심을 부리지 않아 복을 받았지만 나쁜 나무꾼은 욕심을 부려서 벌을 받는 게 너무 통쾌했거든. 그래서 가장 기억에 남는 장면을 다음처럼 적어 봤지.

"이 도끼가 네 도끼냐?"
산신령이 쇠도끼를 보여 주며 물었어.
"아니오."
"그럼 이 도끼가 네 도끼냐?"
산신령이 금도끼와 은도끼를 보여 주며 다시 물었어.
"맞소. 금도끼도 내 도끼오, 은도끼도 내 도끼요."

'책이오'
이래서 틀린대!

- '-이요'는 연결형, '-이오'는 종결형 어미라는 사실을 꼭 기억해!

- '요'로 소리가 나더라도 그 원형을 밝혀서 적어야 하는 때를 헷갈리는구나?

- 예스러운 말이라서 많이 사용해 보지 않았지?

수정이는 '-도끼오, -도끼요'라고 쓰고 있네? 뭐가 잘못되었는지 잘 모르겠다고? '-이오'와 '-이요'가 각각 어떻게 쓰이는지 몰라서 틀리게 쓴 부분이 보이니? 오늘은 '-이오'와 '-이요'를 정확히 구별해서 쓰는 방법을 알려 줄게.

그러면서 충렬의 나이와 외할아버지 이름을 물었습니다.
"나이는 스물이요, 외가는 이부 상서 장윤이오. 확실히 내 아들이 아니라면 어찌 내 아버지 ®존함을 알랴? 어서 바삐 가서 묻고 오시오."

46 공부왕이 즐겨찾는 맞춤법 띄어쓰기

용언의 어간과 어미는 구별하여 적는다.
*종결형에서 사용되는 어미는 '–오'로 적는다.

'책이오' 들여다보기

*종결형
마침꼴. 끝마침을 뜻하는 형태를 말합니다. 문장에서 끝맺는 형태로는 '–다/-오/-구나' 등이 있어요.

우리말 문장 성분에 용언이 있다고 했지요? 그중에 문장을 끝내는 용언을 '종결형 어미'라고 해요. '–오'가 바로 종결형 어미랍니다.

종결형 어미 '–오'가 붙을 때 앞에 '이'가 함께 오면 발음하기 쉽도록 [이요]라고 소리가 난답니다. 이때도 원래 종결형 어미 '오'의 원형을 밝혀 '오'라고 적어야 해요.

이와 달리 '–이요'는 연결형 어미로 두 문장을 이어 주지요. 원래는 '–이고'인데 'ㄱ'이 소리가 없어지는 묵음화가 되어 '이오'로 굳어졌어요. 다른 단어의 연결형에 '오'가 오는 경우가 없어서 소리 나는 대로 '요'로 적어야 합니다.

1. 이것은 책이요, 저것은 붓이요, 또 저것은 벼루오.

2. 내가 좋아하는 것은 사과요, 동생이 좋아하는 것은 딸기오.

정리하면 문장을 이을 때는 '요', 문장을 끝맺을 때는 '오'를 쓰면 된답니다.

04 '오뚝이'가 맞을까, '오뚜기'가 맞을까?

우 리 말 마 당

? 진짜진짜
아리송하네?

수정이는 과학 시간에 무게 중심을 배웠어. 집에 와서 종이로 반달 모양 배를 만들어 예쁘게 색칠도 했지. 그리고 배의 가장 아랫부분에 무거운 쇠를 붙였어. 바닥에 놓고 뱃머리를 살짝 누르자 배가 한쪽으로 기울어졌다가 다시 원래대로 돌아오지 않겠어? 무게 중심을 배운 내용을 되새기며 수정이는 배에 이렇게 이름을 써서 붙이기로 했대.

'오뚝이',
이래서 틀린대!

- 오뚝- + 이 = 오뚝이
- 우리가 자주 사는 상품 상표 '오뚜기'가 머릿속에 자리 잡아서 그렇지는 않니?
- '-이'가 붙어 만들어진 말에 무엇이 있는지 잘 모르지?

수정이가 쓴 '오뚜기'는 맞는 맞춤법일까? 친구들도 대부분 '오뚜기'라고 알고 있겠지만 이는 잘못 쓴 맞춤법이야. 오늘은 왜 '오뚝이'가 맞는 맞춤법인지 살펴볼게.

'-하다'나 '-거리다'가 붙는 어근에 '-이'가 붙어서 *명사가 된 것은 그 원형을 밝히어 적는다.

'오뚝이' 들여다보기

*명사
사물의 이름을 나타내는 말입니다. 문장에서 주로 주어나 목적어, 보어로 쓰입니다. 실제 사람 이름도 명사이고, 사물을 가리키는 말도 명사입니다. 어떤 사물을 대신 가리키는 이것, 저것 등도 명사랍니다.

용언에는 '-이'가 붙어서 명사가 되는 말이 있습니다. 그중에 '-하다'나 '-거리다'가 붙는 어근에 '-이'가 붙어서 명사가 되면 그 원형을 밝혀서 적어야 해요. 이를테면 '오뚝이'라는 말은 '오뚝하다'라고 말해도 말이 되지요? 이때는 그 뜻을 살리고자 원형을 밝혀서 '오뚝이'로 적어야 한다는 말입니다.

'꿀꿀이/쌕쌕이/홀쭉이' 등이 비슷한 예예요. '쌕쌕이'는 쌕쌕거리며 난다고 하여 '제트기'를 말한답니다.

- 꿀꿀 + -거리다 = 꿀꿀거리다 → 꿀꿀이
- 쌕쌕 + -거리다 = 쌕쌕거리다 → 쌕쌕이
- 홀쭉 + -하다 = 홀쭉하다 → 홀쭉이

'-하다'나 '-거리다'가 붙을 수 없을 때는 그 원형을 밝혀 적지 않고 소리 나는 대로 적어야 해요. '개구리'는 '개굴하다'라고 하면 말이 어색하지요? 이때는 소리 나는 대로 '개구리'라고 적으면 됩니다. '귀뚜라미/기러기/깍두기/딱따구리/매미'도 같은 경우입니다.

'딱따구리'는 '딱'이 겹쳐서 이루어진 말이라 '딱다구리'라고 적지 않고 '딱따구리'라고 적는 것, 잊지 않았지요?

05 '깨끗이'가 맞을까, '깨끗히'가 맞을까?

우 리 말 마 당

? 진짜진짜
아리송하네?

수정이는 학교에서 올바른 손 씻기가 왜 중요한지 배웠어. 요즘 미세 먼지 때문에 감기에 걸리는 친구들도 많은데, 손을 잘 씻으면 감기를 예방할 수 있다는 사실을 알았거든. 수정이는 가족이 감기에 걸리지 않았으면 하는 마음에서 화장실 세면대에 올바른 손 씻기 방법을 다음처럼 써서 붙였대.

손을 깨끗히 씻는 방법

1. 손에 물을 묻히고 비누 거품을 내요.
2. 손가락 하나하나 돌려 가며 씻어요.
3. 손톱으로 손등과 손바닥을 긁는 느낌으로 문질러요.
4. 따뜻한 물로 깨끗히 헹궈요.

'깨끗이',
이래서 틀린대!

- 깨끗 + 이 = 깨끗이
- [깨끄치]라고 잘못 발음하는 친구들 때문에 '깨끗히'라고 생각하지는 않니?
- '깨끗한/깨끗하다'라는 말 때문에 '깨끗히'라고 쓰지는 않았니?
- 그냥 소리 나는 대로 '깨끄시'라고 적는 친구들도 있어!

대부분 수정이처럼 '깨끗히'가 맞는다고 생각하겠지만 이는 틀린 맞춤법이란다. 왜 틀렸는지 차근차근 살펴볼까?

오늘 하루 예절 바른 식생활을 실천했는지 ○표를 하며 평가해 봅시다.

	실천 내용
❶	식사하기 전에 손을 깨끗이 씻었습니다.
❷	식사 준비를 도와드렸습니다.

부사의 끝음절이 분명히 '이'로만 나는 것은 '-이'로 적고, '히'로만 나거나 '이/히'로 나는 것은 '-히'로 적는다.

'깨끗하다'에서 온 부사 '깨끗이'는 보통 [깨끄시]라고 소리 냅니다. 이런 경우, '깨끗이'라고 써야 올바른 맞춤법이랍니다. '따뜻이/고이/버젓이/가까이/많이/일일이' 등도 마찬가지예요. 이와 달리 '극히/급히/딱히/족히/특히' 등은 '히' 소리가 나므로 '-히'를 써야 합니다. '깨끗이'를 발음할 때 가끔 [깨끄치]라고 강하게 소리 내는 친구들이 있어요. 손을 깨끗하게 씻으라는 의미를 더 강하게 하기 위해서 같기도 하지만 틀린 맞춤법이라는 사실을 잊지 마세요.

'솔직히/가만히/열심히/조용히/쓸쓸히'는 [솔찌기, 솔찌키], [가마니, 가만히], [열씨미, 열씸히], [조용이, 조용히], [쓸쓰리, 쓸쓸히] 두 소리 모두 어색하지 않아요. 이때는 '-히'로 적습니다.

그런데 조금 이상하지 않나요? 발음은 사람에 따라 다르잖아요! 습관에 따라서 달라질 수도 있으니까요. 하나하나 따지기 어려워서 몇 가지 규칙을 찾아내기도 했지만, 일반적으로 '이' 또는 '히'로 소리를 내려고 하는 데에는 비슷한 경우에 일관성 있게 발음하려는 마음이 생겨서 위의 규칙만 잘 기억해 둬도 괜찮답니다.

다른 방법으로 뒤에 '-하다'라는 말을 붙여서 말이 되면 '-히', 안 되면 '-이'로 쓰기도 해요. 하지만 '깨끗이'처럼 예외가 있으니 주의해야 해요. 대체로 맞는 경우가 많으니 여러분도 활용해 보세요.

- 조용 + - 하다 → 조용하다 → 조용히 (O)
- 쓸쓸 + - 하다 → 쓸쓸하다 → 쓸쓸히 (O)
- 솔직 + - 하다 → 솔직하다 → 솔직히 (O)

＊'-하다'의 예외
이 규칙에는 예외가 있어요. '깨끗하다/따뜻하다'는 '-하다'를 붙여도 자연스럽지만 '-이'를 써요. 또 열심에 '하다'를 붙이면 어색하지만 '열심히'가 되거든요.

'몇 일'이 맞을까, '며칠'이 맞을까?

?

● 진짜진짜
아리송하네?

수정이는 오늘 할머니 댁에 가려고 기차를 탔어. 갈 때는 엄마가 시간을 내서 배웅해 주셨지. 동생이랑 자리를 잡고 앉아서 창밖에 보이는 엄마에게 손을 흔들었어. 그런데 엄마가 데리러 오기로 한 날이 정확하게 언제였는지 헷갈리지 뭐야? 엄마에게 보여 주려고 공책에 이렇게 적었대.

엄마,
몇 일에 데리러
온다고 했지?

'며칠'
이래서 틀린대!

■ '며칠'은 어원이 분명하지 않아.

■ '며칠'이 '몇'과 '일'이 더해진 말이라고 생각하지는 않니?

■ '몇 일'은 국어사전에 없는 단어야.

수정이가 쓴 '몇 일'은 틀린 맞춤법이야. 정확하게는 '며칠'이라고 써야 하지. 왜 그런지 함께 살펴볼까?

몇 날 며칠, 몇 달 동안 배를 타고 먼 바다로 나아가다가 한곳에 돛과 닻을 내리니 그곳이 바로 인당수였습니다. 거센 바람이 불

둘 이상의 단어가 어울리거나 *접두사가 붙어서 이루어진 말은 각각 그 원형을 밝히어 적는다.

'며칠' 들여다보기

*접두사
어떤 말의 앞에 붙어서 뜻을 더하여 새로운 단어를 만드는 말이에요. 접두사 '암-'에 동물 이름을 붙이면 '암코양이, 암캐' 등의 새로운 단어를 만들 수 있어요.

접두사는 어떤 말의 앞에 붙어서 뜻을 바꾸는 말을 가리킵니다. 다음 예를 볼까요?

$$샛- + 노랗다 = 샛노랗다$$

접두사

원형을 밝혀 적는 말에는 '꺾꽂이/꽃잎/팥알/홀아비/굶주리다/싫증/엿듣다' 등이 있답니다. 원형을 밝혀 적으면 아무래도 그 뜻이 더 분명해지기 때문이에요.

여기에는 몇 가지 예외가 있습니다. 하나는 어원이 분명할 때예요. '할아버지'는 '큰'이라는 뜻을 지닌 '한'과 '아버지'가 붙어서 된 경우라 어원이 분명합니다. 하지만 소리가 [할아버지]로 특이하게 변한 경우라 바뀐 대로 적어야 해요.

또 하나는 어원이 분명하지 않을 때예요. 이때는 원형을 밝혀서 적지 않는 게 원칙입니다. '골병/며칠/오라비/업신여기다/부리나케' 등이 그런 경우랍니다. '골병'은 그 원형이 '곯병'인지 '곯병'인지 확실하지 않아요. 그래서 소리 나는 대로 '골병'이라고 써야 한답니다. '며칠'도 '몇'과 '일'이 더해진 말이니 '몇 일'이라고 써야 할 것 같지요? [면닐]로 발음되지 않는 것으로 보아 '몇 일'을 원형으로 보기 어려워, 굳어진 소리에 따라 소리 나는 대로 적어야 합니다.

07 '숟가락'이 맞을까, '숫가락'이 맞을까?

우 리 말 마 당

?
● 진짜진짜
아리송하네?

수정이네는 오늘 회의를 했어. 집에서 해야 할 일을 나누어 하려고 가족끼리 이야기했거든. 아빠는 요리와 청소, 엄마는 빨래와 설거지, 수정이는 아빠의 요리를 돕고 동생은 엄마의 빨래를 개기로 했어. 각자 할 일이 다 정해지고 수정이는 회의 결과를 정리했지. 정리한 내용을 이렇게 썼대!

우리 가족의 할 일

아빠 - 요리, 청소
엄마 - 빨래, 설거지
나 - 숫가락, 젓가락, 반찬 놓기
　　　내 방 정리
동생 - 빨래 개기, 귀엽게 웃기

'숟가락',
이래서 틀린대!

■ 술 + -ㅅ + 가락 = 숟가락

■ '젓가락'이 ㅅ 받침이니 숟가락도 ㅅ 받침이라고 생각하지는 않니?

■ [수까락]이라고 소리가 나서 ㄷ 받침은 생각하지 못했지?

■ ㄹ 소리가 바뀌어서 ㄷ 소리로 바뀌는 말들을 모르지?

수정이가 쓴 '숫가락'을 보니 어때? 생각보다 많은 친구가 '숫가락'이라고 쓴대. 지금부터 왜 '숟가락'이 맞는 맞춤법인지 함께 살펴볼까?

"밥아, 너 본 지 오래되었구나."

그러더니 여러 가지 반찬을 한꺼번에 부어 숟가락은 쓰지도 않고 손으로 비벼서는 허겁지겁 ®마파람에 게 눈 감추듯 먹어 버렸어요. 그 모습을 본 월매가 못마땅히 말했습니다.

끝소리가 'ㄹ'인 말과 딴말이 어울릴 적에
'ㄹ' 소리가 'ㄷ' 소리로 나는 것은 'ㄷ'으로 적는다.

숟가락은 우리나라 청동기 시대 유적에서 출토되었습니다. 그만큼 오래전부터 사용해 왔어요. 숟가락은 원래 어떤 말이었을까요? '숟'은 원래 '쇠'의 옛말인 '솓'이 '술'로 모음이 바뀌어 손을 뜻하는 '가락'과 더해졌답니다. 그런데 끝소리가 'ㄹ'인 말과 딴말이 어울릴 때 'ㄹ' 소리가 'ㄷ' 소리로 나면 'ㄷ'으로 적는다는 원칙이 있지요? 이에 따라 '숟가락'이라고 적어야 해요.

술 + 가락 = 숟가락

끝소리 ㄹ과 가락이 만났지?
→ 받침을 ㄷ으로 적어야겠어!

이와 달리 '젓가락'은 한자로 젓가락을 가리키는 '저'와 사이시옷, '가락'이 더해진 말이에요. '저의 가락'이므로 'ㅅ' 받침을 써야 합니다. 사이시옷은 다음에 자세하게 살펴볼 예정이니 여기서는 넘어갈게요.

숟가락, 젓가락과 비슷한 말로는 '반짇고리/이튿날/섣부르다'가 있습니다. '반짇고리'는 '바느질'과 '고리'가, '이튿날'은 '이틀'과 '날'이, '섣부르다'는 '설다'의 '설'과 '부르다'가 더해진 말이에요. '반질고리/이틀날/섯부르다'로 쓰지 않도록 조심하세요.

- 바느질 + 고리 = 반짇고리
- 이틀 + 날 = 이튿날
- 설(다) + 부르다 = 섣부르다

'바닷가'가 맞을까, '바다까'가 맞을까?

우 리 말 마 당

? 진짜진짜
아리송하네?

수정이는 할머니 댁에서 멀지 않은 바다에 놀러 가기로 했어. 동생이랑 파도도 타고 예쁜 조개껍데기도 주웠어. 모래로 이것저것 만들기도 했는데 노래가 저절로 나오지 않겠어? 동생은 노래가 좋다면서 가사를 적어 달라고 했어. 수정이가 적어 준 가사를 한번 볼까?

해당화가 곱게 핀 바다까에서
저 혼자 걷노라니 수평선 멀리
갈매기 한두 쌍이 가물거리네.
물결마저 잔잔한 바다까에서.

'바닷가',
이래서 틀린대!

- 바다 + ㅅ + 가 = 바닷가
- 두 말 사이에 '-의'의 뜻을 가진 사이시옷을 언제 써야 하는지 잘 모르지?
- 무작정 소리 나는 대로 쓰려는 습관 때문은 아니니?

수정이는 입에 붙은 소리 그대로 '바다까'라고 썼어! 하지만 정확한 맞춤법은 '바닷가'란다. 오늘은 왜 '바닷가'가 올바른 맞춤법인지 설명해 줄게.

"예? 돌아가다니요?"
"너는 어서 배를 준비해라. 여기서 조선까지 뱃길로 수천 리 길이긴 하나 ^쥬순풍에 돛을 달면 한 달이 안 되어 고국 바닷가에 닿으리라."

사이시옷은 다음과 같은 경우에 받치어 적는다.

1. 순우리말로 된 합성어로, 앞말이 모음으로 끝난 경우
2. 순우리말과 한자어로 된 합성어로, 앞말이 모음으로 끝난 경우
3. 두 음절로 된 다음 한자어

바닷가는 '바다'와 '가장자리'를 뜻하는 '가'가 더해졌어요. '바다의 가장자리'라는 뜻으로 쓰려고 사이시옷을 받치어 '바닷가'로 적는답니다.

합성어에서 순우리말 가운데 앞말이 모음으로 끝나면 사이시옷을 받쳐 적어야 해요. '나무'와 '가지'를 합쳐 '나뭇가지'가 되는 예처럼 말이지요.

나뭇가지 → 나무 + 가지 → 나무 + ㅅ + 가지

순우리말 합성어네?   ㅅ이 들어가야지!
앞말이 모음 ㅜ로 끝났어!

이런 경우는 발음도 함께 생각해 보면 좋아요. '귀밥/나뭇가지/아랫집/햇볕'은 뒷말의 첫소리가 각각 [ㅃ/ㄲ/ㅉ/ㅃ]인 된소리로 소리 나지요? '잇몸/빗물'은 뒷말의 첫소리 'ㅁ' 앞에서 'ㄴ' 소리가 덧나서 각각 [인몸], [빈물]로 발음해야 한답니다. '깻잎'은 뒷말의 첫소리 'ㅇ' 앞에서 'ㄴㄴ' 소리가 덧나 [깬닙]으로 발음해야 하지요.

- 바다 + 가 = 바다 + ㅅ + 가 → 바닷가   · 이 + 몸 = 이 + ㅅ + 몸 → 잇몸
- 귀 + 밥 = 귀 + ㅅ + 밥 → 귓밥   · 깨 + 잎 = 깨 + ㅅ + 잎 → 깻잎

순우리말과 한자어로 된 합성어도 앞말이 모음으로 끝나면 사이시옷을 적어요.

- 귀 + 병   = 귀 + ㅅ + 병 → 귓병
- 제사 + 날 = 제사 + ㅅ + 날 → 제삿날
- 후 + 일   = 후 + ㅅ + 일 → 훗일

또 두 음절로 된 '곳간/셋방/숫자/찻간/툇간/횟수'와 같은 한자어에도 사이시옷이 들어간답니다.

'암캐'가 맞을까, '암개'가 맞을까?

우리말 마당

?
진짜진짜
아리송하네?

수정이는 몇 년 전에 데려온 개 똘이를 잃어버렸어. 산책하려고 공원에 데리고 나갔는데 잠깐 편의점에 들른 사이에 없어졌지 뭐야? 처음엔 금방 찾을 수 있다고 생각했지만 해는 저물어 가는데 똘이는 그 어디에서도 보이지 않았어. 결국, 똘이를 찾는 종이를 만들기로 했지. 자, 뭐라고 썼는지 볼까?

똘이를 찾습니다.
나이 : 3세 품종 : 치와와
암개입니다.
보신 분 연락 주세요!
010-1234-5678

'암캐'
이래서 틀린대!

똘이는 암컷이었나 봐. 그런데 수정이는 '암개'라고 썼네? 정확하게는 '암캐'라고 써야 한단다. 오늘은 '암캐'가 왜 올바른 맞춤법인지 함께 살펴보도록 할게.

- 암 + 개 = 암캐
- '암캐'는 '암'과 '개'가 어울린 말이란 사실은 몰랐지?
- '개'라는 말을 원형대로 쓰고 싶은 마음 때문은 아니니?
- 암 뒤에 왜 '캐'라고 쓰는지 모를 거야.

두 말이 어울릴 적에 'ㅂ' 소리나 'ㅎ' 소리가 *덧나는 것은 소리대로 적는다.

'암캐' 들여다보기

*덧나다
"덧붙여 나다."라는 뜻이에요.

*예사소리
발음 기관의 긴장도가 낮아 약하게 파열되어 나는 소리로 'ㄱ/ㄷ/ㅂ/ㅅ/ㅈ'이 있답니다.

'암캐'는 '암컷 개'라는 뜻으로 '암'과 '개'가 더해진 합성어입니다. 이때 사람들은 [암개]라고 발음하지 않고 [암캐]라고 발음해요. 'ㅎ' 소리가 덧났기 때문이지요. 이럴 때는 원형을 살려서 적지 않고 소리대로 적어야 한답니다. '머리'와 '가락'이 만난 '머리카락'도 'ㅎ' 소리가 덧나서 소리대로 적은 예랍니다. 같은 경우로 '살코기/수캐/수컷/수탉/암평아리/안팎'이 있습니다. 모두 'ㅎ' 소리가 *예사소리를 만나 거센소리로 발음이 되는 말이에요.

ㅎ + 예사소리 → 거센소리	
ㅎ + ㄱ → ㅋ	수 + ㅎ + 개 → 수캐
ㅎ + ㄷ → ㅌ	수 + ㅎ + 닭 → 수탉
ㅎ + ㅂ → ㅍ	수 + ㅎ + 병아리 → 수평아리

또 '멥쌀/볍씨/접때/좁쌀/햅쌀'은 각각 '메/벼/저/조/해'가 '쌀/씨/때/쌀/쌀'과 만나 합성어가 된 말이에요. 이때 'ㅂ' 소리가 덧나서 소리 나는 대로 'ㅂ'을 받쳐 적어야 합니다. '쌀/씨/때' 등은 단어 첫머리에 원래 *ㅂ 소리를 가지고 있던 단어예요. 그래서 다른 단어나 접두사와 결합할 때 'ㅂ'이 나타나지요. 이는 말이 바뀌는 과정에서 옛말에 있었던 발음이 남아 있는 경우이기도 하답니다.

여기에서 문제를 하나 낼게요. 옆으로 걷는 암컷 게는 '암케'일까요, '암게'일까요? 조금 헷갈리지 않나요? '암케' 같지만, 사람들이 '암캐'와 구별하려고 그랬는지, '암게'라고 적는답니다. 또 '암게'라고 발음해서 소리가 덧나지 않기도 하고요.

*원형에 있는 ㅂ 소리
쌀의 원형에는 각각 ㅂ 소리가 있었답니다.

ㅂ술 → 쌀

ㅂ시 → 씨

ㅂㅅ대 → 때

10 '돼'가 맞을까, '되'가 맞을까?

?

● 진짜진짜
아리송하네?

사라진 수정이네 똘이는 어떻게 되었냐고? 그 일이 있고 나서 수정이는 정성껏 만든 종이를 이곳저곳에 붙이고 전화가 오기만을 기다렸대. 시간이 얼마나 흘렀을까? 모르는 번호로 전화가 왔지 뭐야? 똘이를 데리고 있다는 기쁜 소식이었어. 수정이는 똘이를 되찾은 기쁨을 일기장에 써 놓기로 했어. 자, 뭐라고 썼는지 볼까?

2018년 ○○월 ○○일

제목 : 똘이가 돌아오다!

똘이는 다행히 근처에 사는 아주머니가 데리고 계셨다. 아주머니는 똘이가 놀라서 떨고 있었다고 하셨다. 똘이를 다시 찾게 **됬을** 때 다시는 잃어버리지 않겠다고 다짐했다.
똘이야, 돌아와 줘서 고마워.

'됬다',
이래서 틀린대!

■ 이중 모음인 '돼'와 '되'의 발음을 정확하게 구별하기 힘들지는 않니?

■ '됬'은 '되었'의 줄어든 말이라는 사실을 모르고 있지?

■ '되다'에서 '됐다'라는 말이 나온 과정을 이해하지 못했기 때문은 아니니?

붉게 표시한 부분이 왜 틀렸는지 모르겠지? 친구들이 '돼다'와 '되다'를 많이 헷갈리는데 부끄러워할 필요 없어. 어른들도 많이 실수하는 맞춤법이거든. 오늘은 '돼'와 '되'를 정확하게 쓰는 방법을 알려 줄게.

난 학자가 되든지, 무예를 익혀 세상을 호령하는 장수가 돼야지. 날마다 장례 놀이나 해서 무엇 하겠느냐?"
"어머님, 다음부터 그러지 않겠습니다."

며 세간붙이를 들이고 곡식을 쌓는 등 법석을 떠는 하인들을 보며 흥부 가족은 기뻐했습니다. 놀부는 하루아침에 흥부가 큰 부자가 되었다는 소식을 듣고 가만히 있을 수가 없었습니다.

모음 'ㅗ/ㅜ'로 끝난 어간에 '-아/-어, -았-/-었-'이 어울려 'ㅘ/ㅝ, 왔/웠'으로 될 적에는 준 대로 적는다.

'됐다' 들여다보기

친구들이 가장 많이 헷갈리고 자주 틀리는 말 하나가 '되'와 '돼'의 구별이에요. 문법 규칙에 따르면 '되' 뒤에 '-어/-었-'이 어울려 '돼/됐'으로 될 때는 줄어들은 대로 적으라고 되어 있어요.

조금 쉽게 설명하면 '되어'는 '돼'로 '되었-'은 '됐-'으로 적으라는 말이에요. 거꾸로 생각해 보면 '되어'로 바꾸어 말이 되면 '돼'로 쓰고, 말이 되지 않으면 '되'라고 쓰면 된다는 뜻이기도 하지요.

쉽게 구별하는 법	
얼음이 녹아 물이 되다.	되어다 (×) → 되다.
얼음이 녹아 물이 됐다.	되었다 (○) → 됐다.
녹아 물이 된 얼음	되언 (×) → 된
녹아 물이 됐던 얼음	되었던 (○) → 됐던

이와 비슷한 경우로는 '괴어/괬다', '뵈어/뵀다', '쐬어/쐤다', '쬐다/쬈다' 등이 있어요. 이를테면 "턱을 괴었다."라는 말은 "턱을 괬다."라고 써야 하지요. 마찬가지로 "할아버지를 뵈었어요."라는 말은 "할아버지를 뵀어요."라고 쓰면 돼요. 하지만 "할아버지를 뵈러 갔어요."라고 말할 때는 '뵈어러'라고 말하지 않지요? 즉, '뵈+어'가 아니니까 "할아버지를 봬러 갔어요."라고 쓰지 않아요.

우 리 말 마 당

'만만찮다'가 맞을까, '만만잖다'가 맞을까?

?
● 진짜진짜
아리송하네?

수정이네 반은 오늘 공기 대회를 열었어. 제비뽑기로 상대를 정하고 20년을 먼저 내면 이기는 규칙이었지. 이긴 사람은 계속, 이긴 사람과 겨뤄서 마지막까지 남은 친구가 우승이었어. 안타깝게도 첫 경기에서 떨어진 수정이는 결승 경기를 친구들에게 전해 주려고 중계할 말을 정리해 보았대. 그 내용을 볼까?

자, 드디어 결승입니다. 20년을 먼저 내면 이기는 경기인데요. 과연, 승리는 누가 가져갈까요? ○○ 선수와 △△ 선수, 정말 만만잖은 실력이에요. ○○ 선수는 준결승에서 한 방에 20년을 낸 선수예요. 놀랍지 않습니까?

이런, 수정이가 쓴 '만만잖다'는 잘못 쓴 맞춤법이네? 정답은 '만만찮다'이지만 이게 왜 맞는 맞춤법인지 어리둥절하지? 지금부터 함께 살펴볼게.

!
'만만찮다',
이래서 틀린대!

■ 만만 + 하- + -지 + 아니 + 하- + -다 = 만만찮다

■ '만만하지'가 줄어 '만만치'가 된다는 사실은 몰랐지?

■ '깨끗잖다/의젓잖다'처럼 '-잖다'로 줄어드는 말 때문에 헷갈리지는 않았니?

'만만찮다'
들여다보기

어미 '-지' 뒤에 '않-'이 어울려 '-잖-'이 될 적과 '-하지' 뒤에 '않-'이 어울려 '-찮-'이 될 적에는 준 대로 적는다.

우리말이 어렵게 느껴지는 까닭은 준말 때문이 아닐까 싶어요. 어떤 말이 어떻게 줄었는지 알아야 맞춤법 규칙을 이해할 수 있거든요. '만만찮다' 역시 어떤 말이 줄었는지 알아야 올바르게 쓸 수 있어요. 쉬운 이해를 위해 '그렇지 않은'과 '만만하지 않다'를 살펴보겠습니다.

- 그렇지 않은 → 그렇잖은
- 만만하지 않은 → 만만찮은

'-지' 뒤에 '않-'이 어울리면 '-잖-'이 되고, '-하지' 뒤에 '않-'이 어울리면 '-찮-'이 된답니다. 이는 줄어든 대로 적어야 한다는 규칙 때문이에요.

'대단하지 않다'는 '대단찮다', '시원하지 않다'는 '시원찮다'로 '찮' 소리가 나므로 '찮'으로 적어요. 또 줄어든 말에서는 '적잖다/변변찮다'처럼 '야'를 쓰지 않는 점을 기억해 두도록 해요. 줄어들 때 'ㅏ'로 소리 나기 때문이지요.

'깨끗하지 않다/남부럽지 않다/의젓하지 않다'는 '-하지 않-'이 어울렸지만, 소리가 '잖'으로 나서 '잖'으로 적는 예외랍니다.

- 깨끗하지 않다 → 깨끗잖다
- 남부럽지 않다 → 남부럽잖다
- 의젓하지 않다 → 의젓잖다

'귀찮-/점잖-'처럼 어간 끝소리가 'ㅎ'이면 [찬]으로 소리가 나더라도 '귀찮잖다/점잖잖다'로 적어야 한답니다.

01 밑줄 친 말을 고쳐 쓰세요.

> **보기**
>
> 우리 집에서 내가 <u>망내</u>이다.
> →   막내

- 비가 그치고 나서야 <u>비로서</u> 파란 하늘이 드러났다.
→

- 나는 네가 <u>넘우</u> 좋아.
→

- 진실은 반드시 <u>들어날</u> 것입니다.
→

- 이것은 책<u>이오</u>, 저것은 빵이다.
→

- 넘어져도 <u>오뚜기</u>처럼 일어날 거예요.
→

- 6·25 전쟁 때 제트기를 '<u>쌕쌔기</u>'라고 불렀다네요.
→

02 맞춤법이 맞는 문장에 ○, 틀린 문장에 ×를 표시하시오.

> **보기**
>
> 우리 집에서 내가 망내이다. (×)

- 나무 구멍 밖으로 고개를 내민 오색딱따굴이. (   )
- 콩알을 일일히 세지 않고 알 방법이 없을까? (   )
- 아기가 자고 있으니 조용히 들어오렴. (   )
- 손을 깨끗히 씻고 밥을 먹어야지. (   )
- 마지막 꽃잎이 떨어지기 전에 돌아온댔어. (   )
- 편지가 왔다는 말에 불이나케 집으로 뛰어갔어요. (   )
- 그렇게 쉽게 싫증을 내다니. (   )

03 다음에서 틀리지 않은 문장을 모두 고르세요.

① 그 후로 며칠이 지났어.
② 나는 숫가락만 있으면 돼.
③ 단추가 떨어졌으니 반짇고리 좀 가져다줄래?
④ 네가 그렇게 섯불리 행동할지 몰랐구나.
⑤ 물새 우는 바다까에서 그림을 그립니다.
⑥ 이가 없으면 이몸으로 씹어라.
⑦ 어머니께서 귓밥을 파 주시던 때가 그리워요.

04 다음 보기에서 알맞은 맞춤법을 골라 쓰세요.

보기

쐬러, 수평아리, 암게, 암캐, 제삿날, 아랫집, 안팎

- 어제는 할아버지 (　　　)이어서 늦게 잤어.
- 우리 (　　　)에는 괴상한 사람이 살아요.
- 이 옷은 (　　　)이 구별하기 힘들어.
- 우리 집 귀염둥이는 (　　　)예요.
- 길에서 파는 병아리는 주로 (　　　)래요.
- 알이 많은 (　　　) 딱지에 밥을 비벼 먹었어요.
- 바람을 (　　　) 나갔다 올게.

05 다음에서 올바른 맞춤법을 고르세요.

- 햇볕을 (쬐니, 쫴니) 기분이 좋아졌어.
- 은사님을 (뵀더니, 뵀더니) 그 시절이 더 그리워집니다.
- 간이 무역 게임에서 총수입이 320만 원 정도 (됬다, 됐다).
- 이 문제도 (만만찮게, 만만잖게) 어렵다.
- 나처럼 (시원잖은, 시원찮은) 사람이 할 수 있을까?
- 그 고양이는 모든 일을 (점잔잖게, 점잖잖게) 해서 구박을 받는다.

'발음'을 알면 틀리지 않는대!

맞춤법을 헷갈리지 않으려면 발음도 제대로 알아야 해요. 3장에서는 발음 때문에 헷갈릴 수 있는 낱말들을 알아볼 거예요. 우리말의 '표준 발음법' 규정을 볼까요?

> 표준 발음법은 표준어의 실제 발음을 따르되,
> 국어의 전통성과 합리성을 고려하여 정함을 원칙으로 한다.

표준어는 '교양 있는 사람들이 두루 쓰는 현대 서울말'로 정한다고 했지요? 그 발음을 실제 발음으로 여기고 이를 따르도록 원칙을 정했답니다. 이를테면 '값'이라는 말은 '값/값만/값이/값을' 등으로 쓰이고 [갑/감만/갑씨/갑쓸] 등으로 발음하는데 이를 표준 발음으로 정한다는 뜻이에요.

국어의 전통성을 고려한다는 말은 무슨 뜻일까요? 시간을 나타내는 '밤'과 먹는 '밤'을 모두 짧게 발음하고는 하지만 역사적으로 보면 소리의 높이나 길이를 구별해 온 전통이 있어서 시간을 나타내는 밤은 길게, 먹는 밤은 짧게 발음하도록 정했다는 뜻이에요.

합리성을 고려한다는 말은 어떨까요? "맛있다"라는 말은 두 단어 사이의 'ㅅ'을 'ㄷ'으로 발음하는 게 합리적이라 [마딛따]라고 발음해야 해요. 하지만 많은 사람이 [마싣따]라고 발음해서 둘 다 표준 발음으로 정했답니다.

맞춤법 규칙처럼 발음에도 규칙들이 있어요. 이러한 규칙들을 잘 활용하면 맞춤법도 잘 이해할 수 있어요. 또 정확한 표준 발음을 익혀서 발음하다 보면 맞춤법을 틀리는 일도 많이 줄어든답니다.

'거야'가 맞을까, '꺼야'가 맞을까?

? 진짜진짜
아리송하네?

오늘 수정이는 어린 동생 때문에 참 많이 웃었어. 점심으로 수제비를 만들어 먹으려고 하는데 동생이 모두 자기가 하겠다는 거야. 조금 귀찮기도 했지만 누나가 하는 건 뭐든 따라 하려는 모습이 귀엽기도 했거든. 이 즐거운 일을 잊어버리기 아쉬워서 수정이는 아래처럼 시를 썼다고 해.

내가 할 꺼야
밀가루에 내가 물 부을 꺼야
달걀 내가 깰 꺼야
파 내가 썰 꺼야

모두 하겠다고 하고
부엌만 어지럽히는
귀찮지만
귀여운 내 동생

**'거야',
이래서 틀린대!**

■ '꺼야'로 말하다 보니 소리 나는 대로 적으려는 습관 때문은 아닐까?

수정이가 쓴 시에 '꺼야'라는 말이 많지? 모두 자기가 하려는 동생 모습을 귀엽게 나타냈는데 맞춤법이 틀렸어. 실제로 발음할 때는 '꺼야'라고 하는데 왜 '거야'라고 쓸까? 지금부터 왜 이렇게 써야 하는지 함께 살펴보자.

*관형사형 'ㄹ' 뒤에 연결되는 'ㄱ/ㄷ/ㅂ/ㅅ/ㅈ'은 된소리로 발음한다.

다음 문장을 한번 보세요. '할'처럼 뒤에 오는 명사를 꾸며 주는 말을 '관형사'라고 해요. '할'은 '하다'에 관형사로 만들어 주는 관형사형 'ㄹ'이 붙어서 이루어졌어요. 그리고 '거야'를 꾸며 준답니다. 이때 뒤에 오는 말 '거야'는 원형대로 쓰고 발음은 [할 꺼야]처럼 된소리로 해야 하지요.

내가 할 거야.

마찬가지로 '할 것을/갈 데가/할 바를/할 수는/할 적에/갈 곳/할 도리/만날 사람' 등은 모두 [할 꺼슬/갈 떼가/할 빠를/할 쑤는/할 쩍에/갈 꼳/할 또리/만날 싸람]으로 발음해야 해요. 그러다 보니 쓸 때 된소리로 써야 하는지 예사소리로 써야 하는지 헷갈릴 수 있어요. 이런 말들은 쓸 때는 원형을 밝혀서 원래 소리로 써야 합니다. 이때 '–ㄹ'과 뒤에 이어지는 명사는 띄어 써야 한답니다.

'–ㄹ'로 시작되는 어미도 마찬가지입니다. '할걸/할수록/할지라도'도 [할껄/할쑤록/할찌라도]라고 소리 나지만 쓸 때는 *된소리로 적지 않습니다. 다만, 관형사형 어미 '–ㄴ/–는/–던' 등 'ㄴ' 받침을 가진 어미 뒤에서는 된소리로 발음하지 않습니다.

할 듯하다 → [할 뜨타다]	간 사람 → [간 사람]
	가는 사람 → [가는 사람]
	가던 사람 → [가던 사람]

02 '네가'가 맞을까, '너가'가 맞을까?

우 리 말 마 당

?

● 진짜진짜
아리송하네?

수정이는 너무 속상했어. 단짝 친구인 유림이가 자꾸만 약속을 어겼거든. 수정이는 유림이가 전학 온 희수에게 관심이 있어서 자기와의 약속을 잊었다는 걸 알았어. 그래서 유림이에게 쪽지로 섭섭한 마음을 전하기로 했지. 쪽지 내용을 볼까?

유림아, 너가 어제도 놀이터에서
놀기로 해 놓고
그냥 가 버려서 속상했는데
오늘도 점심시간에
함께 공기놀이하기로 하고
안 와서 얼마나 서운했는지 알아?
나는 너가 내 단짝이라고
생각했는데 희수랑만 다녀서
많이 속상해.

'네가',
이래서 틀린대!

■ '너' 뒤에 주어를 만드는 조사
'가'가 붙으면 형태가 바뀐다
는 사실은 몰랐지?

■ '나' 뒤에 '가'가 올 때도 '내'로
형태가 바뀐다는 규칙이 있대!

■ 말할 때는 구별을 위해 '나/
너'를 강조해서 버릇이 되지는
않았니?

얼마나 수정이가 속상했는지 그 마음이 잘 드러나네? 그런데 유림이를 가리키는 '너가'는 잘못된 맞춤법이야. '너가'와 '네가'. 겉보기에는 별로 차이가 없어 보이지만 맞춤법 규정에는 '네가'로 써야 한다고 나와 있단다. 지금부터 왜 그런지 함께 살펴볼게.

"이놈, 놀부야! **네가** 세상에 태어나 부모에게 불효하고 동생을 하찮게 여김은 물론이요, 사람들을 가리지 않고 괴롭혔으니 **네놈** 털을 모두 뽑아 세어도 저지른 죄보다는 적으리라. 옥황상

'네가'
들여다보기

*대명사
다른 명사를 대신하여 사람·장소·사물 등을 가리키는 낱말입니다.

*조사
명사, 대명사 등에 붙어 그 말과 다른 말과의 문법적인 관계를 표시하거나 그 말의 뜻을 도와주는 말입니다.

자신을 가리키는 *대명사 '나'와 상대를 가리키는 대명사 '너' 뒤에 *조사 '가'가 올 경우 '내가', '네가'로 형태가 변한다.

'네가'는 상대를 가리키는 대명사 '너' 뒤에 주어를 나타내는 조사 '가'가 붙어서 이루어진 말입니다. 쓸 때는 '너가'라고 하지 않고 모양이 바뀌어 '네가'라고 해야 하지요. 자신을 가리키는 대명사 '나' 뒤에 주어를 나타내는 조사 '가'가 붙으면 '내가'로 모양이 바뀌는데요. 이때 구별하는 방법은 '내가'의 '내'는 짧게, '네가'의 '네'는 길게 발음한다는 사실이에요. [애]와 [에] 발음을 구별해야 하지만 실제 소리에서는 구별이 어렵습니다. 그렇다 보니 [네가]라고 말하지 않고, [너가] 또는 [니가]라고 발음해서 쓸 때도 그렇게 쓰려는 경향이 있답니다. 이렇게 쓰면 읽을 때 누구를 가리키는지 명확하지 않아서 '네가'라고 써야 맞답니다.

- 내가 그린 기린 그림은 목 긴 기린 그림이고,
  네가 그린 기린 그림은 목 안 긴 기린 그림이다.
- → 위의 '내가'는 짧게, 아래의 '네가'는 길게 발음하여 구별할 수 있습니다.

자신을 낮추어 표현하는 '저'에도 '가'가 붙을 때 '제가'로 모양이 바뀌어요. 따라서 '저가'라고 쓰지 않아야 합니다. 이때 '저 아이'를 나타내는 '쟤'와 혼동할 수 있는데 '저 아이가'가 줄어든 말이 '쟤가'이므로 '제가'와 구별하세요.

- 제가 말씀드린 아이가 바로 쟤입니다.
- → 앞의 '제가'는 '내가'를 낮추어 한 말이고, '쟤'는 '저 아이'를 가리키는 말입니다.

'통닭'이 맞을까, '통닥'이 맞을까?

? ● 진짜진짜 아리송하네?

주말, 수정이네 가족은 오랜만에 한강에 갔어. 가족끼리 살랑살랑 부는 바람에 연도 날리고 여기저기 뛰어다니며 함께 놀았더니 배가 출출해지지 않겠어? 그래서 맛있는 닭을 시켜 먹기로 했지. 수정이가 보니 한강에 사람이 너무 많은 거야! 배달하는 분이 잘 찾을 수 있도록 종이에 주문했다고 적어서 들고 있어야겠다, 생각했어. 수정이가 쓴 글을 볼까?

통닥 시켰어요!

'통닭', 이래서 틀린대!

- 통 + 닭 = 통닭
- '통닭'이 '통째로 요리한 닭'이라는 뜻인 줄은 몰랐지?
- 닭을 [닥]이라고 소리 나는 그대로 쓰려는 습관 때문은 아니니?

어라? 뭔가 이상하지 않니? '통닥' 부분 말이야. 수정이가 쓴 '통닥'은 잘못 쓴 맞춤법이란다. 닭은 친구들이 많이 접하는 말이라 헷갈리지 않을 것 같지만 저렇게 쓰는 친구들이 의외로 많단다. 오늘은 왜 '통닭'이 올바른 맞춤법인지 살펴보려고 해.

*겹받침
서로 다른 두 개의 자음으
로 이루어진 받침을 말합니
다. 'ㄳ/ㄵ/ㄺ/ㄻ/ㄼ/ㄽ/ㅄ' 등이
있습니다.

*겹받침 발음
ㄺ → ㄱ
ㄻ → ㅁ
ㄿ → ㅂ

*어말
단어의 끝을 뜻합니다. '사과'
라는 단어에서 어말은 '과',
'통닭'에서 어말은 '닭'입니다.

***겹받침** 'ㄺ/ㄻ/ㄿ'은 ***어말** 또는 자음 앞에서 각각 [ㄱ/ㅁ/ㅂ]으로 발음한다.

'통닭'은 '통째로 요리한 닭'이라는 말이에요. 쓸 때는 '통닭'이라고 그 뜻을 밝혀서 써야 해요. 통닭처럼 겹받침 'ㄺ/ㄻ/ㄿ'이 말끝에 쓰였을 때는 각각 [ㄱ/ㅁ/ㅂ]으로 발음해야 하지요.

통닭 = [통닥]
ㄺ → ㄱ

'ㄺ'의 예에는 '흙/맑다/늙다'가 있어요. 뒤에 자음이 오는 '흙도/흙과'는 [흑또/흑꽈]라고 소리 납니다.

'ㄻ'의 예에는 '삶/젊다'가 있어요. 이때도 마찬가지예요. '젊어서'는 [절머서]라고 발음하지만 '젊고'는 [점꼬]라고 발음해야 해요.

'ㄿ'의 예에는 '읊다'가 있어요. '읊다'는 어떻게 발음해야 할까요? '시를 읊으니/시를 읊어서'는 [을프니/을퍼서]로 ㄹ과 ㅍ 소리가 모두 나지만 '읊고/읊다'는 [읍꼬/읍따]로 발음해야 해요.

겹받침일 때 어떤 소리로 발음해야 할지 헷갈린다면 여러 번 소리 내어 읽어 보세요. 더 자연스럽게 느껴질 때 맞는 발음일 수 있답니다. 다만, 글자로 쓸 때는 그 말의 뜻이 무엇인지 보고 바로 이해할 수 있도록 '원형을 밝혀서 써야 한다'는 사실, 잊지 마세요.

'짧다'가 맞을까, '짤따'가 맞을까?

우 리 말 마 당

? 진짜진짜
아리송하네?

도서관에 간 수정이는 마음에 쏙 드는 책을 발견했어. 책 속 주인공에게 정말 많이 공감했거든. 읽으면서 웃고, 울다가 집에 돌아와서 책을 읽은 느낌을 아래처럼 썼는데 뭐라고 썼는지 한번 볼까?

좋은 이야기야.

재미있어.

독서 기록문

읽은 책 : 청소년 백과사전

지은이 : 김옥

경은이가 귀를 뚫기로 한 것은 이제 더 이상 자신이 어린아이가 아니라는 뜻일 것이다. 성주에게 고백을 받았지만 조용하고 배려심 있는 영우에게 마음을 표현한 경은이의 행동이 어른스러운 것 같다. 읽은 시간이 짤따고 생각될 만큼 아주 재밌는 책이었다.

'짧다',
이래서 틀린대!

■ '짧다'를 발음할 때 'ㄹ' 소리가 나니 쓸 때도 ㄹ 받침으로 쓰지 않니?

■ 경우에 따라 겹받침 'ㄼ'의 발음이 어떻게 달라졌는지 잘 모르지 않니?

흠, '짧다'를 '짤따'라고 쓰고 있네? 친구들도 수정이처럼 겹받침 맞춤법을 많이 실수해. 지금부터 겹받침의 발음과 정확한 맞춤법을 함께 알아볼까?

"곰은 온몸이 털로 덮여 있어 태양이 내뿜는 기운이 부족하니 미련하여 쓸모가 없소. 호랑이는 용맹하나 코가 짧고 콧대가 없으니 명이 짧아 쓸모가 없지. 그러나 선생은 눈과 속이 밝아 하늘과 땅의 이치를 다 알지 않소? 또 ❋능란한 말솜씨며 생김새 모두 딱

겹받침 'ㄳ/ㄵ/ㄼ/ㄽ/ㄾ/ㅄ'은 어말 또는 자음 앞에서 각각 [ㄱ/ㄴ/ㄹ/ㅂ]으로 발음한다.

'짧다'는 각각 어떻게 활용해 발음할까요? '짧고/짧으니/짧아서/짧지만'으로 바꾸어 사용할 수 있고 각각 [짤꼬/짤브니/짤바서/짤찌만]로 발음합니다. 모음 앞에서는 겹받침 두 개의 소리가 모두 나지만 자음 앞에서는 'ㄹ'로 소리 내야 하지요.

이런 말에는 '여덟'과 '넓다'가 있어요. 받침은 'ㄼ'이지만 말끝이나 자음 앞에서는 'ㄹ'로 소리를 낸답니다.

'넋'처럼 겹받침이 'ㄳ'이라면 [ㄱ]으로, '앉다'처럼 겹받침이 'ㄵ'이라면 [ㄴ]으로, '핥다'처럼 'ㄾ'이라면 [ㄹ]로, '값/없다'처럼 'ㅄ'이라면 [ㅂ]으로 발음해야 합니다.

다만 '밟다'는 '밟지/밟는/밟고'를 [밥찌/밤는/밥꼬]로 발음해야 그 뜻이 잘 전해지니 잊지 마세요. '넓죽하다'도 [넙쭈카다]로 [ㄹ]이 아니라 [ㅂ]으로 소리 나니 유의하세요. 다만 쓸 때는 겹받침 그대로 밝혀 쓴다는 사실 또한 잊지 마세요.

다양한 겹받침의 발음

- 둘로 똑같이 나누었을 때 몫. → [목]
- 자리에 앉자마자 음식이 나왔어. → [안짜마자]
- 넓죽한 그릇에 담아 드세요. → [넙쭈칸]
- 옷값도 내가 냈어요. → [갑또]

05 '꼿'이 맞을까, '꽃'이 맞을까?

우 리 말 마 당

?
● 진짜진짜
아리송하네?

　　수정이네 가족은 주말을 이용해 1박 2일로 여행을 떠났어. 대중교통을 이용해서 다니니 새로운 사람들도 두루두루 만나며 소중한 시간을 보냈지. 맛있는 것도 먹고 풍경도 구경하면서 즐거운 시간을 보내고 돌아온 수정이는 다음처럼 여행기를 썼어.

여행기
간 곳 : 전라북도 정읍
함께 간 사람 : 우리 가족

우리는 버스를 탔다. 통로 옆자리에 앉은 할머니, 할아버지께서 삶은 달걀을 나누어 주셨다. 정읍이 집이라고 하셨다. 버스에서 내리자마자 우리를 반겨 준 것은 바로 꼿이다. 커다란 나무에 활짝 핀 벗꼿. 바람이 살짝 부니 마치 눈처럼 꼰닢이 날렸다.

(버스 속: 벗꼿)

'꽃'
이래서 틀린대!

■ '꽃이'를 [꼬치]라고 발음하지 않고 [꼬시]라고 잘못 발음하지는 않니?
■ 받침 'ㄷ'의 소리와 'ㅅ'의 소리가 모두 [ㄷ]이라서 헷갈리지는 않니?

　　예쁘게 핀 꽃을 보고 그 감상을 적었는데 '꼿'이라고 잘못 쓴 게 보이지? 정확하게는 '꽃'이라고 써야 한단다. 지금부터 꽃을 쓸 때 'ㅊ' 받침을 쓰는 이유를 살펴볼게.

　　실없는 토끼는 '제 놈이 산속 생활을 얼마나 알까?' 싶어 자라에게 허풍을 떨었어요.
　　"푸른 산에 봄이 오면 온갖 꽃과 꾀꼬리가 노래하며 나비가 춤을 추니 그 풍경을 벗삼아 놀기 좋다오. 공자의 제자가 목욕하

맞춤법 **75**

'꽃'
들여다보기

* 받침별 발음
ㄲ/ㅋ → ㄱ
ㅅ/ㅆ/ㅈ/ㅊ/ㅌ → ㄷ
ㅍ → ㅂ

받침 'ㄲ/ㅋ/ㅅ/ㅆ/ㅈ/ㅊ/ㅌ/ㅍ'은 어말 또는 자음 앞에서 각각 대표음 [ㄱ/ㄷ/ㅂ]으로 발음한다.

훈민정음에서는 끝소리로 'ㄱ/ㄴ/ㄷ/ㄹ/ㅁ/ㅂ/ㅅ/ㅇ'이 있다고 했지요? 그 뒤에 'ㅅ' 소리가 'ㄷ' 소리로 나서 지금은 'ㅅ'을 제외한 7개의 끝소리가 있답니다. 즉, 많은 자음이 있지만, 끝소리로 날 때는 앞의 7가지 소리로만 발음되고 있어요.

'닭다'는 'ㄲ'의 대표음 'ㄱ'으로 소리 나서 [닥따]로, 옷은 [옫]이라고 발음해요. '빛다'는 [빈따], '솥'은 [솓], '앞'은 [압], '덮다'는 [덥따]로 소리가 납니다.

'꽃'도 마찬가지랍니다. 'ㅊ'의 대표음인 'ㄷ'으로 소리 나서 [꼳]이라고 발음해야 해요. 그런데 훈민정음이 있던 시대에 [시]으로 발음한 습관이 남아서인지 '꽃 을/꽃이/꽃으로'를 발음할 때 [꼬슬/꼬시/꼬스로]라고 잘못 발음하곤 해요. 그 탓에 '꽃'의 받침이 'ㅅ'이라고 착각하곤 한답니다. 정확한 발음은 [꼳츨/꼳치/꼳 츠로]라고 발음하니 우리가 보는 아름답고 향기로운 '꽃'의 받침은 'ㅊ'이라는 점 을 잊지 마세요. 그리고 발음도 주의해야 해요.

몇 개의 예를 더 살펴볼까요? '부엌'은 [부억], '꺾다'는 [꺽따], '낮'은 [낟], '낫다' 는 [낟따], '있었다'는 [이썯따]라고 발음해야 한답니다.

'의의'가 맞을까, '의이'가 맞을까?

?
● 진짜진짜
아리송하네?

수정이는 학교에서 우리나라 역사를 배우고 있어. 선생님께서는 우리 삶의 교훈을 얻을 수 있어서 역사를 배워야 한다고 하셔. 오늘은 모둠별로 삼국 통일을 조사하고 그 뜻을 정리하여 발표하기로 한 날이야. 어디 정리한 내용을 볼까?

삼국 통일의 의이

1. 백성들이 전쟁의 고통을 더 이상 겪지 않게 되었다.
2. 고구려와 백제의 문화를 받아들여 더욱 세련된 문화를 꽃피울 수 있게 되었다.
3. 외세의 힘을 빌렸지만, 나중엔 자주적인 국가가 되었다.

!
'의의',
이래서 틀린대!

■ '의의(意義)'라는 한자어인 줄
은 몰랐지?

■ 두 번째 음절에서 '의'를 [l]로
발음해서 쓸 때 헷갈리지는
않았니?

■ 같은 모음을 두 번 쓰는 게
어색하다고 생각했지?

수정이가 쓴 '의이'는 친구들이 보기에 어때? 맞는 맞춤법인지 아리송하겠지만 '의이'는 잘못된 맞춤법이란다. 친구들이 많이 헷갈리는 '의의'는 왜 이렇게 써야 하는지 지금부터 함께 살펴볼까?

는 나라를 흔드는 큰 도적이었지만 백성들에게는 고맙고 멋진 영웅이었던 셈이지요. 허균은 이 작품을 통해 차별 문제뿐만 아니라 당시 지배층의 무능과 부패도 동시에 비판하고 있습니다. 당시 사회 문제점을 꼬집어 낸 「홍길동전」은 역사적 의의는 물론, 최초 한글 소설이기 때문에 문학사에서도 중요한 작품이랍니다.

'ㅑ/ㅒ/ㅕ/ㅖ/ㅘ/ㅙ/ㅛ/ㅝ/ㅞ/ㅠ/ㅢ'는 *이중 모음으로 발음한다.
다만, 자음을 첫소리로 가지고 있는 음절의
'ㅢ'는 [ㅣ]로 발음한다. 단어의 첫음절 이외의 '의'는 [ㅣ]로
발음함도 허용한다.

여러분은 'ㅢ'의 발음을 정확하게 할 수 있나요? 'ㅢ'는 'ㅡ'와 'ㅣ' 소리가 이중으로 나는 이중 모음이에요. 사람에 따라 'ㅢ'를 [ㅡ]나 [ㅣ]로 발음하기도 하는데 모두 잘못 발음한 것입니다. 특히 지역 방언에서 'ㅢ'를 [ㅡ]로 잘못 발음하곤 해요. 그러다 보니 'ㅢ'를 써야 할 자리에 잘못해서 'ㅡ'나 'ㅣ'를 쓰는데 이를 주의해야 합니다.

'의의'는 '뜻 의(意)'와 '바르다 의(義)'라는 한자가 모인 '숨은 뜻'이라는 말이에요. 처음에 있는 '의'는 [의]로 발음하지만 첫음절 이외의 '의'는 [ㅣ]로 발음해도 되기 때문에 [의이]라고 발음합니다. 하지만 쓸 때는 원래 뜻을 밝혀 '의의'라고 써야 해요. 또 '무늬/띄어쓰기/씌어/희망'처럼 자음을 첫소리로 가진 음절의 'ㅢ'는 [ㅣ]로 발음해야 합니다. '의자'처럼 모음이 첫소리라면 이중 모음 그대로 발음해야겠지요?

이와 달리 소리를 내는 도중에 입술 모양이나 혀의 위치가 달라지지 않는 모음을 단모음이라고 해요. 단모음 'ㅏ/ㅐ/ㅓ/ㅔ/ㅗ/ㅚ/ㅜ/ㅟ/ㅡ/ㅣ' 가운데 'ㅚ/ㅟ'는 이중 모음으로 발음할 수도 있답니다.

07 '**국물**'이 맞을까, '**궁물**'이 맞을까?

우 리 말 마 당

?
● 진짜진짜
　아리송하네?

　　수정이는 텔레비전에서 《생활의 달인》이라는 프로그램을 봤어. 다음 날, 친구들과 본 회 차를 가지고 역할극을 해 보기로 했대. 수정이는 맛난 국수를 만드는 가게 사장님이고, 유림이는 PD, 희수가 카메라맨 역할을 하기로 했어. 서로 대사를 만들어서 말하다, 수정이가 비법을 쓴 종이를 보여 주려고 내밀었는데 어디 한번 같이 볼래?

궁 물 의 비법
재료 : 마른 멸치, 다시마, 무, 파뿌리
끓이는 시간 : 30시간

'국물'
이래서 틀린대!

■ 국 + 물 = 국물

■ 어떤 음식에서 건더기를 뺀 물을 국물이라고 해.

■ 받침 'ㄱ'이 'ㄴ/ㅁ' 앞에서 [ㅇ] 으로 발음되기 때문이야.

■ 소리 나는 대로 쓰려고 하지는 않았니?

국물떡볶이

　　자, 수정이가 쓴 '궁물'은 맞게 쓴 맞춤법일까? 정확하게 쓰려면 '국물'이라고 써야 해. 왜 이렇게 써야 하는지 지금부터 함께 살펴볼까?

'국물'
들여다보기

*ㄴ과 ㅁ 앞에서만!

ㄱ → ㅇ
ㄷ → ㄴ
ㅂ → ㅁ

받침 'ㄱ/ㄷ/ㅂ'은 'ㄴ/ㅁ' 앞에서 [ㅇ/ㄴ/ㅁ]으로 발음한다.

음식에서 건더기를 뺀 물을 뜻하는 말은 '국물'이라고 써야 한답니다. 규칙으로도 받침 'ㄱ'이 'ㅁ' 앞에서 [ㅇ]으로 소리 나서 [궁물]이라고 발음하지요. 'ㄱ'과 'ㅇ' 모두 목구멍에서 나는 소리인데요. 뒤의 울림소리 'ㅁ'은 'ㄱ'을 발음할 때 비슷한 자리에서 울려 나는 소리로 [ㅇ]이 발음하기가 편하기 때문에 [궁물]이라고 한답니다.

같은 경우로 '먹는'은 [멍는], '깎는'은 [깡는], '흙만'은 [흥만]이 있습니다. '먹/깎/흙'의 받침은 'ㄱ/ㄲ/ㄺ'의 대표 소리로 발음되는 [ㄱ]으로 소리 나고요, 'ㄴ/ㅁ' 앞에서 [ㅇ]으로 바뀌어 소리 납니다.

받침 'ㄷ'의 예로는 '닫는'이 [단는]으로 '짓는'이 [진는]으로 '쫓는'이 [쫀는]으로 발음되는 경우입니다. 마찬가지로 '닫/짓/쫓'의 받침 'ㄷ/ㅅ/ㅊ'의 대표 소리 [ㄷ]은 'ㄴ/ㅁ' 앞에서 [ㄴ]으로 발음하고 있어요.

받침 'ㅂ'의 예로는 '밥물'이 [밤물]로 '앞마당'이 [암마당]으로 '없는'이 [엄는]으로 발음되는 경우입니다. '밥/앞/없'의 받침 'ㅂ/ㅍ/ㅄ'의 대표음 [ㅂ]이 'ㄴ/ㅁ' 앞에서 [ㅁ]으로 발음된 경우입니다.

3 장

01 다음에서 틀리지 않은 문장을 모두 고르세요.

① 혼자서도 잘할 꺼야.
② 나그네는 갈 떼가 없었어요.
③ 그걸 할 쑤는 없다고 생각해.
④ 오늘은 만날 사람이 있습니다.
⑤ 변명은 하면 할수록 마음이 불편해지지.
⑥ 네가 선물로 준 인형, 잘 간직할게.
⑦ 내가 그린 기린 그림.

02 밑줄 친 말을 올바르게 고쳐 쓰세요.

- <u>띠어쓰기</u>를 하지 않으니 뜻이 조금 애매하네.
  →

- 이렇게 잘 <u>멍는</u> 아기도 없을 거야.
  →

- 이 낙서는 <u>너가</u> 한 게 틀림없어.
  →

- 역시 전기구이 <u>통닥</u>이 맛있어.
  →

- 도자기는 고운 <u>흑만</u> 사용해서 만든대.
  →

- 그러지 마. 너는 <u>늑지</u> 않을 것 같니?
  →

- 몸은 <u>절고</u> 마음은 늙은 사람.
  →

03 다음에서 올바른 맞춤법을 고르세요.

- 시를 (읍고, 읊고) 나니 마음 한편이 따뜻해집니다.
- 바지가 (짧지만, 짤찌만) 즐겁게 입을 수 있어.
- 내 동생은 (여덜, 여덟) 살이에요.
- 세상은 (넓고, 널꼬), 할 일은 많다지?
- 너는 (안꼬, 앉고) 너는 일어서.
- 누군가 내 발을 자꾸만 (밟고, 밥꼬) 지나가요.
- 무궁화, 우리나라 (꼿, 꽃).

04 괄호에 들어갈 올바른 맞춤법을 이어 보세요.

그의 (   )은 오직 조국의 독립이었대.   •   • 국물

이 (   )는 다리가 세 개네?   •   • 앞마당

전골 요리는 역시 (   )이 최고야.   •   • 희망

과자를 주워서 (   ) 잘 털어내고 먹을 거야. •   • 의자

우리 집 (   )에는 작은 텃밭이 있어요.   •   • 흙만

4

'다른 뜻'을 알면 틀리지 않는대!

 우리가 쓰는 말은 정말 다양해요. '밤'이라는 말을 봐도 그렇지 요? 해가 지면 깜깜해지는 어두운 밤, 그리고 우리가 맛있게 구워 먹는 밤. 똑같이 밤을 쓰고 있어요. 이처럼 같은 맞춤법을 쓰는데 그 뜻이 다르기도 하답니다.

이 '다른 뜻'만 제대로 알아도 맞춤법을 헷갈리지 않을 수 있어요.

다음에서 어떤 말이 맞는지 한번 풀어 볼까요?

> 1. 얼마 전에 걸린 감기가 (나았다 / 낳았다).
> 2. 책상이 작고 (낮아서 / 낫아서) 불편하다.
> 3. 의자의 개수를 (늘리다 / 늘이다).
> 4. 고개 (넘어 / 너머) 시장에 갔다.

쉽게 답을 고를 수 있었나요? 위 문제들은 어른들도 헷갈리는 맞춤법이에요.

비슷한 맞춤법인데 다른 뜻이 있어 알쏭달쏭한 말이 우리 주변에는 많이 있답니다. 이런 말을 잘 잊어버리지 않으려면 둘이 '어떻게 다른지'를 알아야 해요.

뜻을 제대로 알아두면 헷갈리지 않으니 지금부터 정확한 뜻을 알아보고 어디에 쓰이는지 맞춤법을 함께 살펴보도록 해요.

'나았다'와 '낳았다', 어떻게 다를까?

우 리 말 마 당

?
● 진짜진짜
아리송하네?

할머니 댁에 놀러 간 수정이는 밤새 잠을 못 잤어. 할머니께서 키우는 진돗개가 새끼를 배서 고생하고 있었거든. 내일 집으로 돌아가야 하니 어서 자라는 아버지 말씀에도 수정이는 잠자지 못했지. 자꾸만 불안해지는 마음에 수정이는 일기를 썼대. 몰래 한번 살펴볼까?

2018년 ○○월 ○○일
제목 : 진돗개가 새끼를 낫다

주말에 할머니 댁에 놀러 왔다. 옛날부터 예뻐하던 진돗개 메리가 새끼를 낫고 있었다. 너무 힘들어하는 모습에 걱정이 들었다. 집으로 돌아가야 하니 자라는 아빠 말씀에 나는 이렇게 말했다.
"새끼 낫는 거 보고 잘게요."
너무 늦게 자지 말라는 말에 알겠다고 말씀드렸다. 메리가 새끼를 잘 나았으면 좋겠다.

'나았다'와 '낳았다',
이래서 헷갈린대!

수정이는 '낳다'를 계속 '낫다'라고 쓰고 있네? 친구들이 가장 많이 헷갈리는 맞춤법 '나았다'와 '낳았다'가 어떻게 다른지 각각 살펴볼까?

■ 나았다와 낳았다 모두 [나았다]로 발음이 같아서 헷갈리진 않았니?

*나았다
병이나 상처가 고쳐지다.

*낳았다
배 속의 아이나 새끼, 알을 몸 밖으로 내놓다.

한편 용궁에 도착한 자라는 용왕에게 토끼 똥을 바쳤습니다. 용왕은 이를 먹고 병이 낫자 임금 목숨을 구한 둘도 없는 충신이라며 자라를 칭찬했습니다.

최척은 옥영을 아내로 맞아 부족함 없이 행복했습니다. 살림도 날이 갈수록 나아졌습니다. 단 하나, 대를 이을 아들이 없다는 점이 유일한 흠이었어요. 생각하다 못한 부부는 매달 초하루가 오면 함께 만복사로 올라가 자식을 낳게 해 달라고 빌었습니다.

'나았다'와 '낳았다'를 구별하는 방법은 말의 기본형을 생각해야 해요. '나았다'의 기본형은 '낫다', '낳았다'의 기본형은 '낳다'랍니다. 기본형을 생각하면 둘이 어떻게 다른지를 알 수 있어요.

'나았다'는 병이나 상처가 고쳐져 원래대로 돌아오는 것을 뜻한답니다. 다음 문장에서 무엇이 맞을까요?

- 병원에 다녀온 지 하루 만에 감기가 (나았다 / 낳았다).

바로 '나았다'입니다. 감기라는 병에 걸렸다 원래대로 돌아왔기 때문에 '나았다'를 써야 해요.

이와 달리 '낳았다'는 여러 뜻이 있어요. 네 가지로 정리해서 볼까요?

첫째, 배 속의 아이나 새끼, 알을 몸 밖으로 내놓는 것을 뜻하지요.

둘째, 어떤 결과를 가져오는 것을 말해요.

셋째, 어떤 상황이나 환경이 이루어질 때도 '낳았다'를 씁니다.

넷째, 환경이나 상황의 영향으로 어떤 인물이 나타날 때 쓰기도 해요. '배출하다'를 넣어서 자연스러우면 '낳다'로 쓸 수 있답니다.

- 개가 새끼를 낳았다.
  → 개라는 동물의 몸 밖으로 새끼를 내낳어!

- 소문이 소문을 낳았다.
  → 이야기한 소문이 '또 다른 소문'이라는 결과가 되었네!

- 엄마의 체온으로 기적적으로 살아난 아이, 사랑이 기적을 낳다.
  → 기적이란 상황이 이루어졌네!

- 우리나라가 낳은 최초의 노벨상 수상자, 김대중 전 대통령
  → 우리나라가 '배출한' 수상자네?

02 '낮다'와 '낫다', 어떻게 다를까?

우 리 말 마 당

? 진짜진짜
아리송하네?

수정이는 할머니 생신을 맞아 선물로 신발을 사러 갔어. 예쁜 신발이 참 많이 있어서 무엇을 골라야 할지 몰랐대. 할머니에게 어떤 신발이 좋을지 고민하던 수정이와 엄마는 오랜 시간 끝에 정성스럽게 고른 신발을 포장해 왔다고 해. 할머니께 선물을 드린다는 생각에 뿌듯했던 수정이는 그날 일기를 썼지.

2018년 ○○월 ○○일, 맑음
제목 : 할머니 생신 선물
고르기

할머니 생신 선물로 엄마와 나는 신발을 골랐다. 할머니에게는 낮은 신발이 필요해서 그런 거 같았다. 엄마도 역시 너무 높은 신발은 안 좋을 것 같고 하셨다. 할머니가 낮은 신발을 받으시고 기뻐했으면 좋겠다.

**'낮다'와 '낫다',
이래서 헷갈린대!**

■ 두 말 모두 발음하면 [나따]로
똑같아서 헷갈리지는 않니?

■ ㅈ 받침과 ㅅ 받침 구별이 힘
들지?

***낮다**
아래에서 위까지 높이가 기
준이 되는 대상에 못미치
다.

***나았다**
병이나 상처가 고쳐져 본래
대로 되다.

저기 보이는 '낮은'이란 말이 보이지? 정확하게 쓰려면 '낮은'이라고 써야 해. 그럼 '낫다'는 어떤 상황에서, 언제 써야 하는 말일까? 지금부터 '낮다'와 '낫다'를 올바르게 쓰는 경우를 살펴볼게.

신분이 높은 사람에서 가장 낮은 백성에 이르기까지 앞을 못 보는 맹인은 모조리 성명과 사는 곳을 기록하여 올리도록 하라 그리고 그들을 잔치에 참석하게 하되, 맹인 한 명이라도

'낮다'는 아래에서 위까지 높이가 기준보다 작은 것이에요. 따라서 높고 낮음을 따지는 말이라면 '낮다'라고 써야겠습니다. 이 '낮다'를 직접 활용해 보면서 언제 써야 하는지 살펴볼까요?

우리가 보는 산은 높낮이가 다 다르지요? 그런 산을 표현할 때 "저 산은 높고 저 산은 낮다."라고 써야 맞는 표현이겠네요. 엄마들이 신는 신발 굽도 높거나 낮음이 있을 테니 "엄마가 신는 구두는 굽이 낮다."라고 써야 맞는 표현이지요?

- 저 산은 낮다.

날씨가 갑자기 추워지면 어떨까요? 날씨가 더우면 온도가 올라가고, 추우면 온도가 내려가니 높낮이가 있네요.

- 온도가 낮다.

물은 몇 도에서 끓을까요? 100도에서 끓기 시작하지요? 물의 끓는점이라는 기준에 도달하지 못해 '끓는점이 물보다 낮은 액체'와 같이 어떤 기준에 도달하지 못했을 때도 '낮다'라고 써야 맞는 표현이랍니다.

물건의 질이나 능력이 기준보다 못하거나 어느 정도에 미치지 못할 때도 '낮다'라고 씁니다. 우리가 흔히 시험을 보고 나서 점수 높낮이를 표현할 때 낮은 점수라고 써야 맞는 것이지요. 품질이나 능력뿐만 아니라 지위나 계급이 기준에 미치지 못할 때도 '낮다'라고 쓴답니다. 이를테면 군대에서 소령은 대령보다 계급이 '낮다'라고 해요.

- 지우개의 질이 낮다.
- 다쳤던 손이 다 나았다.

'낫다'는 앞에서도 살펴봤지요? 병이나 상처가 고쳐져 본래대로 되돌아오는 상태예요. 다친 곳이 나았다거나 감기가 나았다고 주로 표현하지요. 이 외에도 무언가보다 더 좋아지거나 나은 걸 말한답니다.

이 사과   저 사과

- 이 사과가 저 사과보다 낫다.
→ 두 사과를 비교할 때 더 좋은 상태를 나타낼 때!

03 '늘이다'와 '늘리다', 어떻게 다를까?

?
● 진짜진짜
아리송하네?

　　수정이는 작년에 입었던 바지를 꺼내 입어 봤어. 그런데 이게 웬일? 키가 컸는지 바지가 많이 짧지 않겠어? 일단 급한 대로 다른 바지가 없는지 살펴 봤지만 세탁했는지 축축하게 젖어 있지 뭐야? 어쩔 수 없이 바지가 짧은 대로 입고 나가던 수정이는 엄마에게 메모를 남겼어.

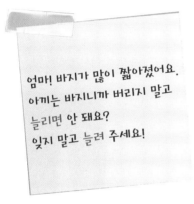

엄마! 바지가 많이 짧아졌어요.
아끼는 바지니까 버리지 말고
늘리면 안 돼요?
잊지 말고 늘려 주세요!

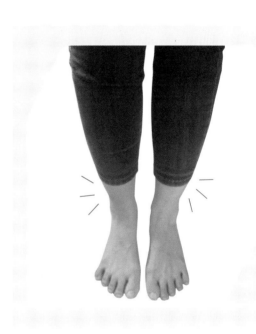

'늘이다'와 '늘리다',
이래서 헷갈린대!

■ '늘이다'는 길이나 선, '늘리다'
는 크기·넓이·수·시간에 주로
쓰는 사실은 몰랐지?

*늘이다
처음보다 길게 만든다.

*늘리다
물체의 넓이나 부피를 처음
보다 커지게 한다. 처음보다
많아진다.

　　저 메모는 제대로 쓴 게 맞을까? 바지를 늘일 수 있을까, 늘릴 수 있을까? 친구들이 보기에 무엇이 맞을까?

"그래도 아들인 제가 아니라 노예에게 재산을 주신 일은 다시 생각해 봐도 현명한 일이 아닙니다."
"내 이야기를 잘 들어보게. 노예는 자네가 공부를 마칠 때까지 더 열심히 일해서 재산을 크게 늘려갈 것이야."

'늘이다'는 무언가를 원래 길이보다 길게 할 때 사용해요. 위에서 아래로 처지게 할 때 쓰이지요. '늘이다'는 고무줄이나, 엿가락 또는 바지 기장과 어울려 쓰인답니다.

- 고무줄을 늘이다.

- 엿가락을 늘이다.
- 바지 기장을 늘이다.
  → 정해진 길이에서 위에서 아래로 잡아당겨 더 길어지게 하네?

이와 달리 '늘이다'는 무언가의 넓이나 부피가 원래보다 커질 때 씁니다. 또는 수나 재산, 또는 능력이 원래보다 커지거나 나아질 때 쓰지요. 시간이 길어질 때도 쓰이고요. '늘이다'와 비교했을 때 '늘리다'는 더 폭넓게 쓰이고 있어요.

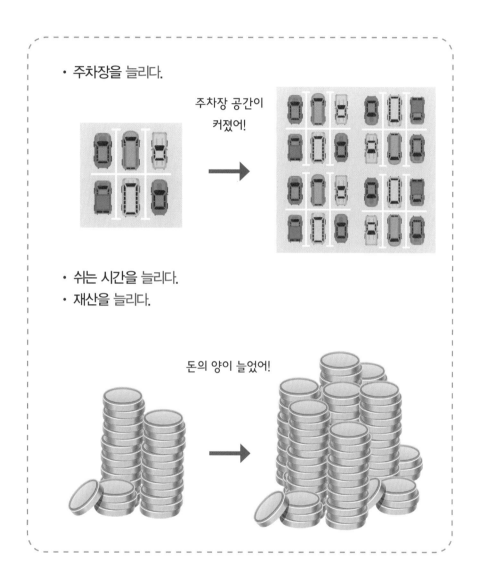

- 주차장을 늘리다.

주차장 공간이 커졌어!

- 쉬는 시간을 늘리다.
- 재산을 늘리다.

돈의 양이 늘었어!

04 '넘어'와 '너머', 어떻게 다를까?

우 리 말 마 당

?
● 진짜진짜
아리송하네?

국어 시간에 수정이는 〈해님 달님〉으로 구연 동화 발표 수업을 준비하고 있었어. 〈해님 달님〉처럼 감동과 긴장감 있는 동화가 없다고 생각했거든! 그리고 친구들에게 이야기를 생생하게 들려주려고 발표문을 썼어. 수정이가 쓴 줄거리를 볼까?

엄마는 떡이 든 광주리를 이고 고개 넘어에 있는 집으로 가고 있었어요.
첫 번째 고개를 막 넘어갈 때 호랑이 한 마리가 나타났어요.
"떡 하나 주면 안 잡아먹지"
호랑이는 고개를 넘을 때마다 나타나 떡을 달라고 했어요.
마침내 떡이 떨어졌고, 엄마는 호랑이에게 잡아먹히고 말았어요.

'넘어'와 '너머',
이래서 헷갈린대!

■ 두 말 모두 막연히 무언가를 '지나가다'라는 뜻이 있다고 생각하지 않니?

■ '넘어'와 '너머'가 동사와 명사라는 사실은 몰랐지?

*넘어
무언가를 지나가는 동작을 나타낸다.

*너머
높거나 넓은 사물의 저쪽 또는 그 공간.

줄거리에서 잘못 쓴 맞춤법이 보이니? '고개 넘어'라고 썼지?
'넘어'와 '너머' 이 둘이 어떻게 다른지 몰라서 많이 헷갈릴 거야. 지금부터 '넘어'와 '너머'를 제대로 쓴 예시를 보면서 어떻게 다른지 하나하나 살펴보도록 할게.

버들 숲 너머 잔잔한 호수에는 누각이 걸려 있고 붉은 용마루 푸른 기와에는 청춘이 비치도다 웃음과 말소리 ❻향풍 타고 들려오건만

그 목소리가 산골짜기에 진동하니 장씨 부인이 두려움에 떨며 정신없이 동산을 넘어 물가에 다다랐어요. 물가에 묶여 있는 작은 배가 눈에 띄고 그 가운데 한 여인이 부인을 재촉하여 급히 배에 올랐습니다. 배에 올라 여인을 보니 머리 위에 연꽃을 꽂고 손에는 봉황 꼬리로 만든 부채를 들고 있었습니다. 또 푸른 저고

'넘어'와 '너머', 비교해 볼까?

'넘어'는 동작의 뜻이 있는 동사예요. 이와 달리 '너머'는 사물의 저쪽을 가리키는 명사이지요. 이 둘은 동사와 명사로 모습을 달리해 쓰고 있어요.

'넘어'는 '넘다'라는 동사가 바뀐 모습으로 쓰이고 있어요. 그렇다면 이 말은 왜 동작을 나타내는 말일까요? '넘다'에 '-어'가 붙어 만들어진 말이거든요.

• 산을 넘어서 이모 집에 갔다. → 산을 넘어가서 가다.

이와 달리 '너머'는 동사가 아니고 명사랍니다. '너머'도 거슬러 올라가면 '넘어'에서 비롯한 말이기는 해요. '넘'에 '어'가 붙어서 '넘어'가 되는데 동사의 뜻이 있는 '넘어'와 모양이 같아서 '너머'로 쓰기로 했어요. '너머'는 높거나 넓은 사물의 저쪽 또는 그 공간을 뜻해요.

• 산 너머 남촌 → 산 뒤에 있는 남촌

'다리다'와 '달이다', 어떻게 다를까?

?
진짜진짜
아리송하네?

학교 수업 시간, 수정이네 반은 '실수'를 주제로 발표했어. 나의 실수, 친구의 실수, 가족의 실수 등 많은 사람이 실수한 이야기들이 나왔어. 그 가운데 수정이가 발표한 실수담이 제일 큰 웃음을 줬대. 뭐라고 썼는지 발표문을 들여다볼까?

엄마의 실수
엄마는 세탁한 옷이 마른 것을 확인하고 다리미를 준비하셨다. 다리미로 옷을 달인다고 열심히 달이고 계셨다. 엄마는 갑자기 울리는 전화를 받더니 하하호호 웃기 시작했다. 우리 엄마의 수다가 시작된 것이다. 아뿔싸, 엄마는 수다에 빠져 있느라 옷 위에 올려 둔 다리미를 잊어버리신 것 같다. 이러다가 옷이 다 탈 것 같다.

'다리다'와 '달이다',
이래서 헷갈린대!

■ '다리다'와 '달이다' 모두 [다리다]로 발음하다 보니 받아쓰기를 하면 자주 실수하곤 해.

*다리다
옷이나 천이 구겨지지 않게 펴다.

*달이다
액체를 끓여 진하게 만들다.

발표문에 '달인다'라는 말이 자주 나오지? 다리미로 옷을 '달이다'라는 표현은 맞을까? 지금부터 '다리다'와 '달이다'를 자세히 살펴보자.

더 이상 말을 잇지 못하고 춘향이가 기절하니 월매가 놀라 달려와 끌어안으며 한탄했어요.
"향단아, 찬물 떠 오너라. 차를 **달여** 약도 갈아라. 이년아. 늙은 어미는 어쩌라고 이리도 몸을 상하게 하느냐?"

'다리다'와 '달이다'는 헷갈리기 쉽지만, 뜻이 전혀 다른 말입니다.

'다리다'와 '달이다'는 모두 열을 받아 뜨거워지거나 졸아들었다는 뜻의 '달다'에 접미사 '-이-'가 더해진 말이에요. 이 둘을 서로 다르게 쓰는 까닭은 '달다'의 본뜻에서 가깝고 먼 정도에 따랐답니다.

'다리다'와 '달이다', 비교해 볼까?

달다 + -이- = 달이다

뜨거워지거나 졸아들었다는 원뜻과 멀면 '다리다'로!
뜨거워지거나 졸아들었다는 원뜻과 가까우면 '달이다'로!

'다리다'는 다리미와 함께 쓰여요. 옷이나 천의 주름을 펴기 위해 다리미로 문지르는 일이지요.

• 옷에 있는 주름을 다리미로 다리다.

'달이다'는 보약이나 장, 차 등과 어울린답니다. "액체를 끓여서 진하게 만들다."라는 뜻이 있어요.

• 보약(차)을 달이다.

맞춤법 **95**

'띠다'와 '띄다', 어떻게 다를까?

우리말 마당

?

● 진짜진짜
  아리송하네?

수정이는 엄마와 함께 받아쓰기를 연습하고 있었어. 엄마가 불러 주시는 문장을 막힘없이 쓰고 있었지. 드디어 마지막 10번 문제야! 엄마가 불러 주신 그 문장을 듣고 수정이는 계속 고민했어. 발음해 봐도 이 두 말은 모두 비슷했거든. 뭐가 맞는지 모르겠다며 투덜거리며 이렇게 썼대!

10. 기침하는 사람들이 눈에 띠게 늘어났다.

'띠다'와 '띄다',
이래서 헷갈린대!

■ '의'는 '이'로 발음되는 일이 많아서 발음으로만 구별하기에 어려움이 있어.

■ 글을 쓸 때 'ㅢ'를 쓰기 어려워하지는 않니?

*띠다
끈을 몸에 두르다. 빛깔이나 색을 가지다.

*띄다
'뜨이다/띄우다'의 줄임말

수정이가 쓴 눈에 '띠게'는 맞게 쓴 말일까? '띠다'와 '띄다'는 어떨 때 써야 맞는 말일까? 각 말은 언제 어떻게 써야 올바른 표현인지 한번 살펴보자.

그때 충렬을 데리고 있던 장씨 부인은 난데없이 작은 배 한 척이 눈에 띄어 배에 올랐어요. 중간쯤 가자 갑자기 앞뒤에서 배가 나타났어요. 사방에서 정체를 모를 자들이 달려들어 장씨 부인을 묶어 다른 배로 옮겨 태웠습니다. 그러고는 충렬을 물 한가운데로 도 이미 사라지고 없었어요. 오직 노인만이 박문수를 맞이했답니다. 박문수는 자리를 잡고 앉아 자기 이름과 떠나온 곳을 말한 뒤, 길을 잃고 여기에 온 사정을 설명했어요. 노인은 얼굴에 수심을 가득 띠고 말했습니다.

'띠다'와 '띄다'가 각각 어떻게 다른지 알아보려면 먼저 '뜨다'를 알아야 해요. '뜨다'는 "눈을 뜨다."의 뜻이 있답니다. '띄다'의 의미도 여기에서 나왔어요. '뜨다'는 스스로 눈을 여는 것이지만 '띄다'는 다른 무엇에 의해 눈이 열리는 것을 말해요.

'띠다'와 '띄다', 비교해 볼까?

- 띄어쓰기가 틀린 것이 눈에 **띈다.** → 틀린 부분이 **"내 눈에 보인다."**라는 뜻 이에요.

또 '띄다'는 '띄우다'가 줄어서 된 말이기도 합니다. 무언가의 사이를 벌리는 것을 말하지요.

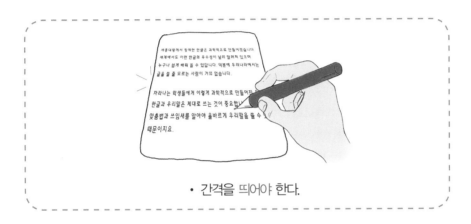

- 간격을 띄어야 한다.

'띠다'는 크게 두 가지 뜻이 있답니다. 하나는 띠나 끈 따위를 두르는 것이에요. 허리띠의 띠가 이 '띠다'에서 나왔지요. 게다가 이런 뜻만큼이나 용무나 직책, 사명과도 잘 어울려 쓴답니다.

- 코트의 허리띠를 띠고 있다.

또 하나는 색깔이나 감정, 기운이 보이는 것을 말한답니다.

- 얼굴에 미소를 띠고 있다. → '미소'라는 감정이 보이지?
- 부끄러워서 얼굴에 홍조를 띠고 있다. → 홍조 하면 불그스름한 기운이잖아?

'띠다'와 '띄다'를 쉽게 구별하는 방법에는 무엇이 있을까요? '띄우다/뜨이다'를 넣어서 문장이 자연스러우면 '띄다'를 넣는 거예요. 다음 보기에서 적용해 볼까요?

- 친구의 키가 눈에 띄게 커졌다.
  → 보기 첫 번째는 '뜨이다'가 어색하지 않으니 '띄다'가 맞아!

- 군인은 나라를 지키는 의무를 띠우고(혹은 뜨이고) 있습니다.
  → 보기 두 번째는 '띄우고'나 '뜨이고'가 어색하니 '띠다'를 써야겠지?

'-로서'와 '-로써', 어떻게 다를까?

우 리 말 마 당

진짜진짜
아리송하네?

수정이와 삼촌은 텔레비전에서 추운 겨울에도 훈련받는 군인을 보고 군대 이야기를 주고받았대. 삼촌은 국방의 의무를 다했다고 했어. 그 말을 듣고 수정이는 삼촌이 자랑스러워졌지. 그러고는 사회 숙제였던 '대한민국 국민의 의무'에 군인들 이야기를 적고 있었어. 어떻게 썼는지 내용을 조금 볼까?

우리나라 사람들은 국민으로써 국방의 의무가 있다.
내가 사는 나라를 지키려는 애국심을 가지고 국민은 군대에 간다.
주권자인 국민이 스스로 적에게서 우리나라를 지킨다는 목적이라고 했다.
…… (이하 생략)

'-로서'와 '-로써',
이래서 헷갈린대!

■ 생활에서 자주 쓰는 말이 아니니 둘이 어떻게 다른지 모르니?

■ '-로서나 '-로써' 모두 똑같이 소리 나니 헷갈리지는 않니?

*-로서
지위나 신분, 자격을 나타내는 말

*-로써
어떤 일의 수단이나 도구를 나타내는 말

수정이가 쓴 '국민으로써'는 맞게 쓴 걸까? 많은 친구가 '-로서'와 '-로써'를 정확하게 쓰는 법을 몰라. 우리가 볼 때는 '-로서'와 '-로써' 둘 다 똑같아 보이거든. 어떤 때 '-로서'를, 어떤 때 '-로써'를 쓰는지 한번 살펴보자.

이제 언제 또 그대 넋 앞에 와 눈물을 흘릴까. 산자락에 걸렸던 구름은 바람을 타고 다시 돌아오고 강물도 밀렸다가 썰물로 되돌아오건만, 한 번 간 그대는 다시 오지 못하는구나. 내 이제 그대와 하직하며 술로써 제사를 지내고 글로써 내 정을 나타낸다. 바람결에 부쳐 [2]영결하노니 그대 혼이여, 부디 내가 바치는 술과 마음을 즐겨 받아 주시라."

여러 사람이 흥부를 둘러싸고 걱정 말라며 위로하는데, 바로 그때 위에서 알리는 소리가 들려왔습니다.
"죄인 가운데 살인죄를 범한 자 외에는 모두 석방하라!"
아뿔싸, 흥부는 그 소리에 가슴이 철렁 내려앉았습니다.
"여보시오, 나는 꼭 매를 맞고 가야만 하오."
"사정은 딱하지만 나로서도 어쩔 도리가 없소. 위에서 명령이

'로서'와 '로써', 비교해 볼까?

'로서'는 주로 '이 되어서/한 입장에서'로 바꿔 쓸 수 있습니다. '로서'는 신분·지위·자격·가치를 가진 입장에서를 뜻해요. '교사로서/학생으로서/대통령으로서/축구 선수로서'처럼 사용한답니다.

- 학생으로서 우리는 공부를 열심히 해야 한다. → **'학생이 되어서'**

'로써'는 '로 써서/를 써서'에서 온 말이에요. 재료와 수단을 나타내기 때문에 '을 가지고/을 써서/때문에'로 바꿔 쓸 수 있답니다.

- 톱으로써 나무를 자를 수 있다. → **'톱을 가지고'**라는 말이 자연스럽지?

'로서'와 '로써'를 알맞게 구별해 쓰는 더 쉬운 방법을 볼까요?

'를 갖고' 또는 '을 가지고'라는 말을 넣었을 때 어색하면 '로서'를, 그렇지 않으면 '로써'를 쓰면 된답니다. 또는 '이 되어서'를 넣어서 자연스러우면 '로서'를 넣으면 된답니다.

- 칼을 가지고 사과를 깎았다. → **'칼로써'**를 써야겠지?
- 한국 대표가 되어서 올림픽에 나간다면 자랑스러운 일이다.
  → **'대표로서'**를 써야겠지?

08 '맞히다'와 '맞추다', 어떻게 다를까?

우리말 마당

?

● 진짜진짜
아리송하네?

오늘은 학교에서 시험을 보는 날이었어. 열심히 공부한 만큼 좋은 점수를 기대했던 수정이는 실망하고 말았지. 생각보다 문제를 많이 틀렸거든! 선생님께 헷갈렸던 문제들을 여쭤 보려고 정리한 오답 노트를 조금 살펴볼까?

내가 맞치지 못한 문제들
1. 다음에서 곤충이 아닌 것을 고르시오.

① 나비   ② 개미   ③ 장수하늘소   ④ 물방개   ⑤ 거미

'맞히다'와 '맞추다',
이래서 헷갈린대!

■ 둘이 똑같은 뜻이라고 생각하
지는 않니?

■ 쓸 때 '맞추다'라는 말이 더 익
숙해서 더 자주 쓰지 않니?

*맞히다
문제의 답이 틀리지 않게
하다.
*맞추다
서로 떨어져 있는 부분을
제자리에 맞게 대다.
둘 이상의 대상들을 나란
히 놓고 비교하여 살피다.

오답 노트에 쓴 '맞치지'라는 말이 보이니? 수정이는 맞춤법 오답 노트도 꼭 만들어야겠다. 지금부터 '맞히다'와 '맞추다'가 어떻게 다른지 또 각각 어떻게 쓰이는지 알아보도록 할게.

"남쪽 바다 벼슬들이 사람과 같지 않아서 그 ㉕세도도 그들만큼 높지 않고 다만 생김새와 이름에 **맞춰** 벼슬을 받았을 뿐입니다. 간의대부 물치는 병부 상서 숭어의 자식입니다. 농어와 숭어가 자신들의 높은 벼슬로 젖내 나는 어린 자식들에게 중요한 자리를

'맞히다'와 '맞추다',
비교해 볼까?

'맞히다'와 '맞추다'는 모두 '맞다'와 관련이 있는 단어예요. 이 '맞다'를 정확하게 알고 있어야 헷갈리지 않을 수 있지요. '맞다'라는 말은 '올바르다'의 뜻이 있어요.

- 내 답이 **맞았다.** → 답이 올바르다 하여 '**맞다**'의 기본형!
- 그 답을 **맞혔다.** → 답을 맞게 했다.

위 문장은 '맞다'와 '맞게 하다'라는 뜻의 '맞히다'를 쓴 보기랍니다. 이 외에도 '맞히다'는 목표에 맞게 하거나 눈·비·주사·침 등을 맞을 때도 쓴답니다.

- 하늘에서 쏟아지는 비를 **맞히다** → 비를 맞게 하다.

- 예방 주사를 **맞히다** → 주사를 맞게 하다.

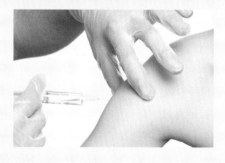

그럼 '맞추다'는 어떻게 쓰일까요? '맞추다'는 어떤 기준이나 대상과 비교하여 같게 하는 것을 말한답니다. 다시 말해 '맞추다'는 '비교 대상'이 있어야 한다는 말이에요.

이는 '맞추다'에 서로 다른 두 가지의 대상이 필요하다는 뜻이 있기 때문이에요. 또 서로 떨어져 있는 부분을 제자리에 맞게 대어 붙이거나 둘 이상의 일정한 대상을 나란히 놓고 비교하여 살핀다는 뜻도 있답니다.

• **퍼즐을 맞춘다.** → 둘 이상의 퍼즐 조각들을 끼리끼리 붙이겠지?

• **줄을 맞춘다.** → 서 있는 둘 이상의 사람 혹은 사람들을 끼리끼리 붙이겠지?
• **나사를 맞춘다.** → 나사와 나사가 붙은 어딘가, 이 둘을 붙이겠지?

정리하면 "올바로 맞게 하다."라는 뜻이 있으면 '맞히다', 어떤 기준이나 비교 대상과 같게 하면 '맞추다'를 쓴다는 사실을 기억하세요.

09 '붙이다'와 '부치다', 어떻게 다를까?

우리말 마당

? ● 진짜진짜 아리송하네?

수정이는 영국으로 떠난 이모에게 자주 편지를 써. 이모는 수정이에게 선물을 자주 보내 주시는 분이거든. 이번에도 수정이는 생일에 선물을 보내 주신 이모에게 감사 편지를 쓰고 있었지. 편지를 다 쓰고 보니 우표가 없네? 외출한 엄마께 급하게 메시지를 보냈어!

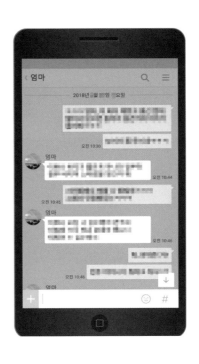

> 엄마, 우표 있어요? 편지를 붙여야 해요.

> 무슨 소리야?

> 편지를 붙여야 한다고요.

> 방에 풀 있으니까 편지 붙여.

> 아니, 엄마, 그게 아니라 편지에 쓸 우표를 찾는다고요!

'붙이다'와 '부치다', 이래서 헷갈린대!

- '붙이다'와 '부치다' 모두 [부치다]로 발음해서 뜻도 같다고 생각하지는 않았니?

- '부치다'라는 표현을 쓰는 일이 많이 없어서 새롭게 느껴지지?

*붙이다
맞대서 떨어지지 않게 하다.

*부치다
편지나 물건을 상대방에게 보내다.

수정이와 엄마 사이에 대화가 잘 안 되는 거 같지? 수정이가 잘못 쓴 '붙이다'라는 말 때문에 소통이 안 됐어. 뭐라고 써야 맞는 맞춤법일까? 친구들도 '붙이다'와 '부치다'를 많이 헷갈리지 않니?

연경에 유배를 당한 나 유심은 불효자 충렬에게 편지를 부치니 급히 받아 보거라

나와 네 어미가 늦은 나이까지 아이가 없다가 빌어 너를 늦게야 낳아 영화를 보려고 했더니 내 팔자가 기구하여 황제께 죄를 짓고 만 리 연경에까지 귀양을 왔노라 이제 생사가 막다른

'붙이다'와 '부치다' 모두 '붙다'에서 온 말이에요. 하지만 이 둘은 각각 다르게 쓰인답니다. 다음을 한번 살펴볼까요?

• 봉투에 우표를 붙였다.

이처럼 무언가를 떨어지지 않게 하는 것을 '붙이다'라고 나타냅니다. '붙이다' 는 '붙게 하다'로 바꿔 쓸 수 있지요. 즉, '붙다'와 똑같은 뜻이 있답니다.

• 소포를 부치다. / 부채를 부치다.

'부치다'는 '붙게 하다'로 바꿔 쓸 수 없어요. '부치다'는 "힘이 미치지 못하다/ 바람을 일으키다/편지나 물건을 보내다/의논할 문제를 내놓는다."의 뜻이 있답니다. '부치다'도 원래는 '붙다'에서 생긴 말이지만 세월이 지나면서 '붙다'의 원래 뜻과 멀어졌어요. 국어 맞춤법에서는 원래 뜻에서 멀어지면 소리 나는 대로 적는 것을 원칙으로 하고 있어요.

정리하면 두 면을 딱 맞닿게 한다는 뜻일 때 '붙이다'를 써야 해요. '붙이다'의 반대말 '떼다'를 넣어서 말이 자연스러우면 '붙이다', 자연스럽지 않으면 '부치다'를 쓰면 된답니다. 또는 어딘가에 무언가를 붙이는 뜻이 아니라면 모두 '부치다'를 쓰기도 해요.

'안치다'와 '앉히다', 어떻게 다를까?

● 진짜진짜
아리송하네?

담임 선생님은 수정이의 국어 공책을 보고 웃음이 나왔어. 국어 시간에 짧은 글짓기를 했는데 공책에 이렇게 썼지 뭐야. '쌀'을 주제로 글짓기했는데 뭐라고 썼는지 한번 볼까?

> 저녁 식사에서 어머니께서 밥솥에 쌀을 앉혀 만든 맛있는 쌀밥이 나왔다.

'안치다'와 '앉히다',
이래서 헷갈린대!

■ '안치다'를 자주 사용하지 않아서 틀린 말이라고 생각하지 않았니?

■ 둘 모두 똑같은 발음이라서 익숙한 '앉히다'를 쓰지는 않았니?

*안치다
끓이거나 찔 물건을 솥이나 시루에 넣다.

*앉히다
앉게 하다.

쌀을 앉혔다? 사람도 아닌 쌀을 어떻게 앉혔다는 걸까? 아마 수정이는 '안치다'와 '앉히다'가 어떻게 다른지 몰랐던 모양이야. 친구들도 '안치다'라는 말보다 '앉히다'가 더 익숙하지 않니? '안치다'와 '앉히다'는 각각 어떻게 다른지 지금부터 함께 공부해 볼까?

'안치다'와 '앉히다' 모두 '앉다'와 관련 있는 말이에요. 그런데 '안치다'가 특정 영역에만 쓰이면서 원래 뜻에서 멀어졌지요. 지금은 "끓이거나 찔 물건을 솥이나 시루에 넣는다."라는 뜻으로 쓰고 있어요. 원래 뜻에서 멀어졌을 때는 바뀐 모습을 그대로 표준어로 보고 있지요. 그래서 '안치다'는 몇 가지 뜻으로 쓰이고 있답니다.

• 솥에 밥을 안치다.

• 솥에 감자를 안치다.

'앉히다'는 '앉다'에 '히'가 더해져서 만들어진 동사랍니다. 동사는 '달린다/뛴다/먹는다'처럼 사람이나 물건의 움직임을 나타내요. 동사에 '히'를 넣으면 '–하게 하는'을 뜻하지요. '앉다'에 '히'를 넣으면 "앉게 하다."라는 '앉히다'의 뜻으로, '앉다'랑 같은 뜻이랍니다.

• 친구를 의자에 앉혔다.
 → 친구를 의자에 앉게 하다.

• 아이를 무릎에 앉혔다.
 → 아이를 무릎에 앉게 하다.

'잃어버리다'와 '잊어버리다', 어떻게 다를까?

우리말 마당

?
● 진짜진짜
아리송하네?

점심시간 다음이 체육 시간이었고 바로 이어서 미술 시간이었어. 나갈 준비를 하던 수정이는 떨어진 책가방을 제대로 놓다가 미술 시간 준비물이 생각났어! 살펴보니 준비물이 없지 뭐야? 학교에 허둥지둥 오느라 그만 깜빡했나 봐. 고민하던 수정이는 선생님께 메모를 전해 솔직하게 말씀드리기로 했지. 그런데 메모를 받은 선생님이 수정이를 불러서 어디에 준비물을 두고 왔는지 물어보시지 않겠어? 대체 수정이는 뭐라고 썼을까?

선생님,
제가 오늘 아침에
늦잠을 자서
미술 준비물을 잃어버렸어요.
다른 친구들은 다 갖고 왔는데
어떡하지요?

'잃어버리다'와
'잊어버리다',
이래서 헷갈린대!

■ 두 말은 뜻이 다르지만, 형태가 비슷해서 같은 뜻으로 오해하지 않니?

■ 받침에 따라 뜻이 달라지는데 'ㅎ'과 'ㅈ' 받침 구별이 어렵지는 않니?

*잃어버리다
자기도 모르게 없어지다.

*잊어버리다
한번 알았던 것을 기억하지 못하다.

아하, 수정이는 '잊어버렸다'를 '잃어버렸다'로 썼네! 친구들은 '잃어버리다'와 '잊어버리다'가 어떻게 다른지 알고 있니? 지금부터 이 둘이 어떻게 다른지 함께 살펴볼까?

어느 날, 변씨를 찾아간 허생이 물었어요.
"나를 기억하겠소?"
"그대 얼굴빛이 예전과 조금도 변하지 않았구려. 혹시 그 1만 냥을 고스란히 잃어버리지는 않았소?"

"그런 말씀 마시오. 그런데 어떤 뛰어난 의원이 내 이름을 알려 주었소?"
"이제 잊어버리시게. 나나 신하들이 우리 잘못은 생각도 못하고 그저 내뱉은 말이니 ®괘념치 마시오."

108 공부왕이 즐겨찾는 맞춤법 띄어쓰기

'잃어버리다'와 '잊어버리다'는 겉으로 보기에 비슷해 보이지요? 이 둘은 뜻이 다른 말이랍니다. 각 말이 가진 뜻을 정확하게 알고 사용해야 맞춤법을 틀리지 않을 수 있어요.

'잃어버리다'와 '잊어버리다', 비교해 볼까?

먼저 '잃어버리다'는 물건이 자기도 모르게 없어졌을 때 사용한답니다.

• 책을 잃어버리다.

챙겨 간 책이 언제 없어졌는지 모르는 거야.

물건을 빼앗길 때도 '잃어버리다'를 쓴답니다. '잃어버리다'의 반대말은 '찾다/얻다'를 볼 수 있는데 친구들이 헷갈릴 때는 반대말을 넣으면 간단하답니다. 반대말을 넣어서 말이 자연스러우면 '잃어버리다'를 쓰면 되거든요!

• 길에서 휴대전화를 잃어버렸다(← 찾았다)!
• 입맛을 잃으니(← 찾으니) 아무것도 먹기가 싫다.
  → '잃어버렸다'의 반대말 '찾았다'를 넣으니 말이 자연스럽지?

'잊다'는 이름을 기억하지 못하거나 마음에 새겨 두지 못할 때 씁니다. 도움받은 친구에게 도움을 주고 싶었는데 기억하지 못할 때가 가끔 있지요? 그럴 때는 '잊어버리다'라고 쓸 수 있어요.

• 구구단을 잊어버리다.

정리하면 '잃어버리다'는 주로 물건에, '잊어버리다'는 일이나 기억에 쓰는 말이라고 생각하면 쉽지요?

12 '반드시'와 '반듯이', 어떻게 다를까?

우 리 말 마 당

?

● 진짜진짜
아리송하네?

수정이는 겨울방학을 맞이해 할머니 댁에 가기로 했어. 엄마는 수정이 혼자 보내야 한다고 걱정이 이만저만이 아니셨지. 시간에 맞춰서 열차를 타야 한다, 늦지 않게 출발해야 한다, 엄마의 걱정은 끊이지 않았어. 열차를 타는 순간에도 엄마는 수정이에게 이런저런 당부를 종이에 써 주셨지. 수정이도 마지막이다, 생각하고 이렇게 엄마에게 써 보였어.

추우니까
목도리도 모자도
반드시 고쳐 쓰고
다닐게요.

'반드시'와 '반듯이'
이래서 헷갈린대!

■ '반드시'와 '반듯이' 모두 [반드시]로 발음해서 같은 말이라고 생각하지 않니?

■ '반듯이'는 자주 쓰는 말이 아니라 틀린 말 같지?

*반드시
'틀림없이, 꼭'과 비슷한 뜻

*반듯이
물건이 비뚤어지지 않고 바른

친구들이 보기에 어때? 저 '반드시'가 맞게 쓴 말 같니? 모양도 비슷한 '반드시'와 '반듯이'. 친구들도 그렇지만 어른들도 알쏭달쏭한 맞춤법이야. 지금부터 '반드시'와 '반듯이'는 어떻게 다른지 알아볼게.

"내일, 효녀 심청이 그곳에 가리니 몸에 물 한 점 묻지 않게 하라. 반드시 심청을 수정궁으로 데려와 3년을 받들고 다시 세상으로 돌려보내라."

'반드시'는 어원이 분명하지 않은 말이랍니다. 따라서 소리 나는 형태 그대로 써야 하지요. 이 '반드시'는 '꼭/틀림없이'로 바꾸어 쓸 수 있는 말이에요. '반드시'와 '반듯이'를 두고 헷갈린다면 '꼭/틀림없이'를 넣어 보세요. 어떤 말을 써야 할지 분명히 알 수 있답니다. 다음 보기를 살펴볼까요?

> • 그는 반드시(← 꼭, 틀림없이) 온다.
> → 그는 꼭(또는 틀림없이) 온다라는 말이 자연스러우니 '반드시'를 써야 해.
>
> • 반드시(← 꼭) 지각하지 않도록 하세요.
> → '꼭 지각하지 않도록'이 자연스러우니 '반드시'!

'반듯이'는 '반듯하다'에 '-이'가 붙어서 '비뚤어지거나 기울거나 굽지 않고 바르게'라는 뜻이 있어요. 반듯이는 [반드시]로 소리 나는데 '반듯'을 밝혀 적는 까닭은 무엇일까요? '반듯하다'라는 원래 뜻이 살아 있기 때문이에요. '반듯이'로 적어서 '반듯하다'와 연관이 있다고 보여 주는 것이지요.

> • 흐트러진 책들을 반듯이 꽂아야 해. → '반듯하게 꽂는'이 자연스러우니 '반듯이'를!

정리하면 '반드시'는 '꼭'으로, '반듯이'는 '반듯하게'로 바꿔서 말이 자연스러우면 바른 맞춤법이라고 생각하면 된답니다.

'있다가'와 '이따가', 어떻게 다를까?

? ● 진짜진짜
아리송하네?

방학도 거의 끝나가고 있는데 수정이는 텔레비전만 보고 있었어. 그 모습을 본 엄마는 방학 숙제는 다 했는지 여러 가지를 물어보셨어. 텔레비전을 보고 있느라 정신이 팔린 수정이는 엄마가 무슨 말을 하셨는지 귀에 들어오지 않았어. 엄마는 외출하시기 전에 메시지를 남기셨는데 텔레비전을 보고 난 다음 친구들과 놀러 나간 수정이의 메시지에 더 화가 나셨지. 뭐라고 썼는데 엄마가 화나셨을까?

방학도 거의 끝나가니까 잊지 말고 숙제해!

천천히 해도 괜찮아요!
놀고 나서 조금 있다가 할게요.

'있다가'와 '이따가',
이래서 헷갈린대!

■ 두 말은 뜻이 달라서 다르게
써야 하는데 다 맞는 말이라
고 생각하지 않니?

■ 발음까지 [이따가]로 같아서
쓸 때 더욱 헷갈릴 거야.

***이따가**
'조금 지난 뒤에'를 뜻함.

***있다가**
그 자리에 머물러 있는 상태

수정이가 틀리게 쓴 맞춤법을 알 수 있겠니? '있다가'와 '이따가'는 전혀 다른 말인데 잘못 쓰고 있으니 엄마는 수정이가 공부를 안 한다고 생각하셨나 봐. '있다가'와 '이따가'를 친구들은 제대로 쓰고 있니?

"쥐도 양식이 많을 테니 함께 가져오라고 이르십시오."
가만히 **있다가** 불똥이 튄 쥐는 힘들게 모아 온 양식을 모두 갖다

"내 칼이 떨어진 곳은 바로 여기야. 조금 **이따가** 여기에서 찾아야지"
배가 닿자 그는 칼자국을 새겨 놓은 뱃전 아래 물속으로 뛰어들어 칼을 찾았다. 아무리 표시해 두었다 한들 배가 움직여 강기슭에 닿았는데 강물에 빠뜨린 칼을 다시 찾을 수 있을 리가 없었다. 참으로 어리석기 짝이 없는 노릇이었다.

'있다가'는 '있다'와 통하는 말이랍니다. '있'에 '다가'가 붙은 말로 그 자리에 머물러 있는 상태에서 쓰곤 해요. 반대말로는 '없다'를 쓰고 있지요. 여러분이 쉽고 정확하게 쓰고 싶다면 '있다가' 자리에 '머물다'를 넣어 보세요. 말이 자연스러우면 '있다가'를 쓰면 됩니다.

> • 우리 여기서 30분만 더 있다가 공부하러 가자.
>   → 도서관에 더 머무르고 있는 상태를 나타내!
>
> • 수학 여행 간 누나가 있다가 없으니 조금 허전하다.
>   → 수학 여행 간 누나가 '없다가' 있으니 몹시 답답하다.

이와 달리 '이따가'는 시간의 의미가 있어요. 시간이 조금 지났을 때를 말하는데 '조금 후'로 바꿔 보면 바로 알 수 있지요. 또 '이따'와 같은 말이므로 '이따'를 넣어서 말이 자연스러우면 '이따가'를 쓸 수도 있답니다.

> • 이따가 공항에서 6시에 만나.
>   → '조금 후에' 공항에서 6시에 만나.
>   → '이따' 공항에서 6시에 만나.

정리하면 '머물다가'가 자연스러우면 '있다가'를, '잠시 후에'를 문장에 넣어서 자연스러우면 '이따가'를 쓰세요. 이제 '있다가'와 '이따가'를 쉽게 알 수 있겠지요?

14 '조리다'와 '졸이다', 어떻게 다를까?

우 리 말 마 당

? 진짜진짜
아리송하네?

수정이는 엄마와 함께 저녁을 준비하기로 했어. 가족이 좋아하는 반찬 하나씩을 저녁에 만들어 먹기로 했대. 아빠는 김치찌개, 동생은 달걀말이, 수정이는 연근 조림을 골랐어. 그런데 엄마가 연근 조림 요리법을 찾으시는 거야. 수정이는 인터넷에서 요리법을 찾아 적어 드렸대. 그 내용을 한번 볼까?

손쉽게 만들 수 있는 연근 졸임!
1. 끓는 물에 연근을 데치듯 삶아 찬물에 한 번 헹궈요.
2. 육수에 간장과 설탕, 물엿을 넣고 팔팔 끓이다가 연근을 넣고 양념이 연근에 배어들 만큼 졸이기만 하면 돼요.

'조리다'와 '졸이다',
이래서 헷갈린데!

■ 졸− + −이 + 다 = 졸이다

■ 이 말 모두 음식을 만들 때 써서 더 헷갈리는 건 아니니?

■ '조리다'와 '졸이다'는 모두 발음이 [조리다]로 같아서 구별 없이 쓰지는 않니?

* **조리다**
고기나 채소를 바짝 끓여서 양념이 배어들게 한다.

* **졸이다**
마음을 초조하게 먹다. 너무 오래 끓여서 국물이 거의 없어지다.

엄마는 수정이가 적어 준 요리법을 읽어 보시다가 웃음을 터뜨리셨대. 친구들은 수정이가 무엇을 잘못 썼는지 알겠니? '조리다'와 '졸이다'를 잘 구별하지 못했지? 지금부터 '조리다'와 '졸이다'를 정확하게 살펴볼까?

'조리다'와 '졸이다'는 모두 음식을 만드는 데 쓰이는 말이라 헷갈리지요? 이 말들은 만드는 방법에 따라 '조리다'와 '졸이다'로 나누어서 쓴답니다.

먼저 '조리다'를 살펴보겠습니다. 앞선 이야기에 나왔던 연근 조림을 볼까요? 조림을 요리하려면 양념이 재료에 폭 스며들도록 바짝 끓여야겠지요? 액체가 줄어든다는 뜻은 '졸이다'와 같지만, '국물 양'이 어떤지에 따라 각각 다르게 써야 한답니다. '조리다'는 줄어드는 국물 양이 중요하지 않고 '재료에 양념이 배어야' 하거든요!

• 오늘 엄마는 고등어를 조리셨다.

고등어에 양념이
배어야 해요!

이와 달리 '졸이다'는 기본형 '졸다'에서 '이'가 가운데 들어가 생긴 말이에요. 그렇다면 '졸다'는 무슨 뜻일까요? "국이 졸아서 짜졌다."라는 말을 들어본 적 있지요? '졸다'는 물이 증발해서 국물이 줄어들며 더 진해지는 것이에요. 즉, 음식을 할 때 국 등의 액체가 증발하는 상황이지요. 이 외에도 '졸이다'는 속을 태우거나 초조해할 때를 나타내기도 해요.

• 김치찌개를 오래 졸였더니 너무 짜졌다.

20분 뒤

김치찌개 국물이
진해졌어요.

• 나는 가슴을 졸이면서 시험지를 받았다. → **초조한 상태를 나타낸 말!**

15 '좇다'와 '쫓다', 어떻게 다를까?

?
● 진짜진짜
아리송하네?

수정이는 주말을 맞아 책을 보고 있었어. 학교 숙제로 독서 감상문을 써야 했거든. 수정이가 읽은 책은 돈과 욕심을 주제로 한 동화였어. 너무 욕심 많은 등장인물을 보고 수정이는 자기도 모르게 눈을 찌푸렸나 봐. 그러고는 감상문에 이렇게 썼대.

좇는
나는 욕심부려 돈만 좇는
사람이 되지 않겠다.
돈은 사람을 보기 싫은 욕심쟁이로
만들기 때문이다.

**'좇다'와 '쫓다'
이래서 헷갈린대!**

■ 흔히 "무언가를 따라간다"를
말을 쓸 때 '쫓다'를 더 많이
사용하지?

■ '좇다'라는 말은 자주 쓰지 않
아서 어색하게 느껴지지?

***좇다**
추상적인 뜻을 따라갈 때
쓴다.
남의 말을 따른다는 뜻도
포함한다.

***쫓다**
어떤 대상을 찾기 위해 공
간을 이동하며 따르다.

이 독서 감상문을 제출했는데 선생님께서 '돈만 쫓는'을 '돈만 좇는'으로 고쳐 주셨어. 무언가를 따라간다면 쫓는 게 맞지 않나, 생각하지 않았어? 대체 '좇다'와 '쫓다'는 무슨 차이가 있는 걸까?

들이다. 네 번째 무리는 아주 늦게 제자리로 돌아와 크게 고생하고 상처를 입는 미련한 사람들이다. 다섯 번째 무리는 자기가 할 일도 모른 채 무작정 즐거움만 좇다 비극을 만난, 무리 가운데 가장 어리석은 사람들이다.

"나간 지 얼마 안 됐다! 어서 쫓아!"
일본 순검들은 김구를 급히 뒤쫓았습니다. 하지만 김구를 태운 차는 이미 멀리 달아난 뒤였지요. 조금만 늦었어도 붙잡히고 말았을 순

국립국어원에서는 '좇다'와 '쫓다'를 나누는 기준을 분명히 밝혀 두고 있답니다. 이 말을 쓰는 우리가 혼란스럽지 않도록 하려는 목적이에요. 그 기준으로 '공간의 이동이 있는지'를 봅니다. 즉, 공간의 이동이 있다면 '쫓다'로, 공간의 이동이 없다면 '좇다'로 보고 있지요.

가령 "그윽한 눈길로 그 사람의 시선을 좇았다."라는 말에서 '시선의 이동'은 있지만 직접 발걸음을 떼서 공간을 옮기지는 않지요? 따라서 '좇다'를 써야 한답니다.

- '좇다'의 예
① 돈과 명예를 좇는 사람.
② 부모님의 의견을 좇아 법대에 진학했다.
   → 돈이나 의견은 눈에 보이지 않아 직접 몸을 움직여 이동하지 않아!

- '쫓다'의 예
① 강아지가 고양이를 쫓아간다.
   → 고양이를 쫓아 이리저리 이동하고 있어!
② 숙제를 하자마자 친구들이 있는 놀이터로 쫓아갔다.
   → 친구들을 따라 놀이터로 이동했네?

정리하면 눈에 보이지 않는 생각이나 말, 목표 등을 따를 때는 '좇다', 직접 뒤를 따라가는 공간의 이동은 '쫓다'라고 쓸 수 있어요.

'짖다'와 '짓다', 어떻게 다를까?

?

● 진짜진짜
아리송하네?

할머니 댁에 간 수정이는 기르는 개가 컹컹대는 소리가 너무 시끄러웠어. 평소엔 얌전하고 애교도 부리는 귀여운 녀석이 왜 저렇게 변했나 싶더라니까? 지나가는 이웃 동네 어른들도 시끄럽다고 아우성이시고. 결국 수정이는 개집 앞에 경고와 양해를 담은 문구를 적어 붙였대!

개가 짖으니 조심!
시끄럽게 해 드려
죄송합니다.

!

'짖다'와 '짓다',
이래서 헷갈린대!

■ 단어 뜻을 헷갈려서 쓰기 때문이야.

■ 발음이 똑같아서 같은 단어라고 생각해.

*짖다
개나 까마귀가 소리를 내는 것

*짓다
밥·옷·집 등을 만드는 것

어라? 그런데 수정이가 써 붙인 문구에 '개가 짖으니'라는 부분이 이상하지 않니? 아무래도 '짖다'를 '짓다'로 오해해 쓴 모양인데? 친구들은 '짖다'와 '짓다'를 정확하게 구별해 쓸 수 있겠니? 지금부터 '짖다'와 '짓다'가 어떻게 다른지 살펴보도록 할까?

사람들이 찬성하여 운봉 영장이 먼저 운을 내었는데 '높을 고高' 자에 '기름 고膏' 자 두 글자를 내놓고 차례로 운을 달아 시를 짓기 시작했어요. 이때 어사또가 말했습니다.

고, 새로 나는 연잎은 다소곳이 벌어졌어요. 계단 밑 두루미가 사람을 보고 놀라, 두 날갯죽지를 벌리고 긴 다리로 *징검징검 도망가며 꾸루룩 노래하고 계수나무 꽃 밑에 있던 삽살개도 짖기 시작했습니다. 처마에 다다르자 그제야 춘향이가 어머니 말씀을 듣고

'짖다'는 개가 목청으로 소리를 낸다는 뜻이 있어요. "개 짖는 소리/개가 컹컹 짖는다."라고 쓰지요. 또는 까마귀나 까치가 시끄럽게 소리 내어 울 때 쓰기도 해요. "까마귀가 시끄럽게 짖으며 날아간다."처럼 말이지요.

- 갑자기 개와 까마귀가 짖는 소리가 들렸어요.

'짓다'는 재료를 들여 밥·옷·집 등을 만들 때 사용해요. 이를테면 "밥을 짓다/아침을 짓다."라고 하지요. 여러 가지 재료를 섞어 약을 만들 때도 "약을 짓다/보약을 짓다." 등으로 사용해요. 시를 짓거나 노래를 지을 때 '짓다'라고 쓰지요. 어떤 표정이나 태도를 얼굴이나 몸에 나타낼 때도 '짓다'라고 쓴답니다. "종일 미소를 짓고 다닌다."라고 쓰기도 해요.

- 맛있는 밥을 짓는다.
- 엄마는 무서운 표정을 짓고 화를 내셨다.

정리하면 '짖다'는 동물이 소리를 낼 때 쓰고 그 외 나머지는 모두 '짓다'를 쓴답니다.

우리말 마당

'다르다'와 '틀리다', 어떻게 다를까?

?

● 진짜진짜
아리송하네?

고래는 새끼를 낳기 때문에 포유류라고 한대. 수업 시간에 선생님은 깜짝 퀴즈를 내셨어. '고래는 포유류일까?'라는 퀴즈에 짝 건우는 고래를 상어처럼 어류라고 답을 쓰지 뭐야? 그래서 수정이는 건우 공책에 이렇게 써 줬대.

NOTES

바다에는 정말 많은 생물이 산다.
조개도, 물고기도, 산호도 많이 있다. 바다
에서 가장 많이 사는 생물은 물고기다.
물고기들은 어류라는 종에 속해 있다.

NOTES

문제 : 고래는 포유류일까?
정답 : 어류

"고래는 새끼를
낳기 때문에 포유류래.
상어랑 비슷한 것
같은데 틀려"

'다르다'와 '틀리다',
이래서 헷갈린대!

■ 두 말 모두 무엇을 부정한다
는 비슷한 뜻으로 섞어서 쓰
지 않니?

■ 생활에서 '다르다'와 '틀리다'
를 섞어서 써도 소통이 어렵
지 않거든.

***다르다**
비교하는 두 대상이 같지
않고 차이가 있을 때

***틀리다**
사실이 아니거나, 정답이
아닐 때

수정이가 쓴 '틀리다'는 '다르다'라고 써야 바르게 쓴 표현이야. '다르다'와 '틀리다' 모두 친구들에게 구별 없이 쓰이고 있는데 알고 보면 각각 뜻이 다르단다. 이 둘이 어떻게 다른지 함께 살펴볼까?

그러자 옆에 있던 부인들도 한 마디씩 건넸는데 부인들 이야기를 듣던 상군 부인이 말씀하셨지요.

"이승과 저승길이 다르고 할 일도 서로 다르니 오래 머물지는 못하겠구나."

"병법에 '허허실실'이라는 게 있소. 허한 곳은 실한 듯, 실한 곳은 허한 듯 꾸미라는 말이지요. 조조는 병법에 능해 우리가 허세를 부린다 생각하고 그리로 올 것이오. 내 말이 틀리다면 나도 목숨을 내놓겠소."

'다르다'는 비교되는 두 대상이 서로 같지 않을 때 씁니다. '다르다'는 두 대상을 두고 옳고 그름을 따지지 않아요. 정답을 가리려고 하기보다 무엇이, 어떻게 대상과 같지 않은지 살펴보는 데 중점을 두지요.

- 둘이 쌍둥이인데 왜 저렇게 다르지? → 쌍둥이끼리 비교하고 있지?

'틀리다'는 셈이나 사실 등이 어긋남을 뜻한답니다. '틀리다'에서는 주어진 무언가에 따른 확실하고 정확한 답이 있어야 합니다. "네가 한 계산은 틀렸어."처럼 정답이 틀렸을 때 쓰지요.

- 합격을 기대했는데 틀린 것 같아.
- 열 문제 중에 다섯 문제나 틀렸다.

'다르다'와 '틀리다'는 반대말을 넣어 보면 쉽게 구별할 수 있어요. '다르다'의 반대말은 '같다'이고 '틀리다'의 반대말은 '맞다'입니다. 헷갈릴 때는 반대말을 생각해 보면 쉬울 거예요.

- 내 동생과 나는 성격이 다르다(←같다)!
- 그 계산이 왜 틀렸는지(←맞았는지) 다시 한 번 풀어 볼까?
  → '다르다'의 반대말 '같다'를 넣어 봤는데 문장이 자연스러워!
  → '틀리다'의 반대말 '맞다'를 넣어 봤는데 문장이 자연스러워!

18 '끄물끄물하다'와 '꾸물꾸물하다', 어떻게 다를까?

? 진짜진짜
아리송하네?

수정이는 여름방학을 맞아 할머니 댁에 놀러 갔어. 때마침 장마철이었는데 비가 주룩주룩 쉴 새 없이 내리더래. 그러다 보니 어디 나가지도 못하고 많이 답답한 방학이었다고 해. 안 그래도 흐린 날씨인데 할머니도 그날따라 중얼중얼하시지 뭐야?

2018년 ○○월 ○○일 흐림
제목 : 할머니는 왜 중얼거리셨을까?

할머니 댁에 비가 왔다. 멈추지도 않고 계속 내렸다.
그날따라 할머니 표정이 좋지 않았다.
"어쩐지 하늘이 꾸물꾸물하더니 다리가 아프네." 하신다. 대체 무슨 소린지 모르겠다. 하늘이 꾸물꾸물하다고 다리가 아프다니?

'끄물끄물하다'와
'꾸물꾸물하다',
이래서 헷갈린대!

■ 글자의 모양이나 발음이 비슷해서 헷갈리는 거야.

■ 두 말 모두 일상에서 쓰는 말이거든!

*끄물끄물하다
날씨가 활짝 개지 않고 몹시 흐려지다.

*꾸물꾸물하다
굼뜨고 게으르며 자꾸 느리게 움직이다.

우중충한 날씨에 할머니 몸이 많이 안 좋으셨구나? 그럴 때 쓰는 '끄물끄물하다'를 수정이는 '꾸물꾸물하다'로 썼네? '끄물끄물하다'와 '꾸물꾸물하다' 이 두 말은 어떻게 다른지 지금부터 함께 살펴보자.

'끄물끄물하다'와 '꾸물꾸물하다',
비교해 볼까?

날씨가 흐리고 비가 내릴 듯할 때 "하늘이 꾸물꾸물하다."라는 말을 주로 사용하지요? 그런데 이 말은 잘못 쓴 표현이랍니다. 정확하게는 "하늘이 *끄물끄물하다*."라고 써야 해요. '끄물끄물하다'는 날씨가 활짝 개지 않고 자꾸 흐려지거나 불빛 같은 것이 밝게 비치지 않고 침침해지는 상태를 말해요.

> • 하늘이 끄물끄물 흐려진다. → 날씨 상태가 개지 않았네?
> • 끄물끄물하던 불씨가 꺼졌다. → 밝았던 불이 점점 사그라드네?

'꾸물거리다'가 원래 형태인 '꾸물꾸물하다'는 아주 느리게 움직이는 모양이며 게으르고 굼뜨게 행동할 때 쓴답니다. '꾸물거리다'의 원래 뜻을 생각하면 헷갈리지 않을 수 있어요.

• 애벌레가 꾸물거리며 기어간다.

• 꾸물거리지 말고 청소를 해. → 게으르게 굼뜨는 모습이야.

정리하면 '끄물끄물하다'는 무언가 '희미하거나 흐려지는 느낌'에 써요. 이와 달리 '꾸물꾸물하다'는 무언가 '느리고 굼뜨게 움직일 때' 쓴답니다.

앞서 살펴본 말과 비슷한 예로 '주무르다'가 있어요. 친구들은 '주므르다'로 오해하곤 하지만, 이는 틀린 맞춤법이랍니다. '주므르다'는 '주무르다'의 옛말로 지금은 쓰지 않아요.

'안'과 '않', 어떻게 다를까?

우리말 마당

?

진짜진짜
아리송하네?

수정이는 학교에 갈 때마다 많이 고민스러워. 요즘 반에서 '편식쟁이'라고 불리고 있거든. 이렇게 된 데는 다 점심시간 때 있었던 일 때문이래. 대체 무슨 일이 있었는데 '편식쟁이'라고 놀림받는 걸까?

건강한 우리 반 학생들은 먹고 싶은 음식만 먹지 않습니다.

2018년 ○○월 ○○일 날씨 맑음
제목 : 새로운 별명 편식쟁이

오늘 점심에 내가 가장 먹기 싫은 반찬이 나왔다. 집에서도 젓가락 한 번 대지 않는 나물이다! 식판을 들고 내가 음식 받는 순서가 왔다. 눈치껏 몰래 나물을 안 담고 피하는데 선생님 목소리가 들렸다.
"건강한 우리 반 학생들은 먹고 싶은 음식만 먹지 않습니다."
어쩔 수 없이 나물을 식판에 담았는데 정말 않 먹고 싶었다.

'안'과 '않', 이래서 헷갈린대!

학급 회의 시간에 수정이는 음식 낭비가 심하니 편식하지 말자는 의견까지 냈었대. 그래서 친구들이 '편식쟁이'라 부르나 봐. 그런데 일기에서 '안'과 '않'을 많이 실수하고 있지? 오늘은 '안'과 '않'이 어떻게 다른지 살펴볼게.

- '안'과 '않' 발음이 같은 데다 둘 다 부정의 뜻이 있어 표기법을 틀리곤 해.
- 그 탓에 받침이 상대적으로 쉬운 '안'으로 통일해서 쓰는 거지.

*안
'아니'라는 부사의 줄임말

*않
'아니하다'의 줄임말

고 그 안에 온 식구가 들어가 하룻밤을 보냈어요. 다음 날은 수숫대를 얼기설기 엮어 손발이 튀어나오는 엉성한 집을 지었습니다. 사흘 동안 밥 한 끼를 먹지 못해 지친 아이들을 보던 흥부는 더 이상 안 되겠구나 싶어 다시 놀부를 찾아갔습니다.

"이 염치없는 놈아. 하늘이 내지 않은 자는 벼슬에 못 오르고 땅이 내지 않은 자는 이름이 없는 법이다. 이게 다 하늘과 땅이 주신 뜻이거늘 네놈이 복 없이 태어나 놓고 나한테 와서 행패냐? 듣기 싫으니 썩 나가!"

'안' 과 '않', 비교해 볼까?

친구들뿐만이 아니라 어른들도 '안'과 '않'은 많이 헷갈리는 말이랍니다. 이 두 말은 분명한 차이가 있어요. 그 차이가 무엇인지 차근차근 살펴볼까요?

먼저 '안 하다'입니다. '안'은 '아니'라는 부사가 줄어든 말로 동사나 형용사 같은 용언 앞에 쓰이면서 부정문을 만들어요. '안'은 혼자서도 부정할 수 있어서 꼭 띄어 쓴답니다. 그래서 '안'을 뺐을 때나 빼지 않았을 때 문장이 모두 자연스럽지요.

- 오늘은 학교에 안 간다. → 동사 **'간다'** 앞에 쓰였어.
- 오늘은 학교에 안 가는 날이다. → 형용사 **'가는'** 앞에 쓰였어.

이와 달리 '않'은 '아니하'가 줄어든 말로 동사나 형용사 뒤에 붙어서 부정문을 만들어 줘요. 그래서 '않'을 빼면 문장이 자연스럽지 못하지요.

- 오늘은 학교에 가지 않는다. → 오늘은 학교에 **가지 는다.**
- 오늘은 학교에 가지 않는 날이다. → 오늘은 학교에 **가지 는 날이다.**

'안'은 '아니'로, '않'은 '아니하'로 풀어서 말이 되는지 살펴보면 '안'과 '않'을 구별할 수 있어요.

- 학교에 (아니) 가고 뭐 해? → 학교에 **안 가고 뭐 해? (O)**
- 학교에 (아니하) 가고 뭐 해? → 학교에 **않 가고 뭐 해? (X)**

우 리 말 마 당

'어떻게'와 '어떡해', 어떻게 다를까?

? 진짜진짜
아리송하네?

수정이는 생일 잔치를 하려고 친구들을 집에 초대했어. 축하해 주러 올 친구들을 생각해 엄마에게 맛있는 음식을 많이 부탁했지. 그렇게 친구들과 맛있는 음식도 먹고 재미있게 놀다가 큰일이 터졌어! 엄마가 아끼시는 도자기를 장난꾸러기 호진이가 깨뜨린 거야! 매섭게 혼낼 엄마를 생각하니 수정이는 솔직하게 이야기할 자신이 없어서 쪽지를 쓰고 친구들과 도망쳐 버렸어.

엄마, 죄송해요.
아끼시는 도자기를
깼는데 어떻하면 좋을지
몰라서……
정말 죄송해요!

'어떻게'와 '어떡해',
이래서 헷갈린대!

저런. 쪽지에 '어떻게'와 '어떡해'를 제대로 구별해서 쓰지 못했네? 엄마가 더 화나셨겠어. 친구들도 이 두 말이 참 헷갈리지? 지금부터 '어떻게'와 '어떡해'를 각각 언제 쓰는지 알아볼까?

■ 글자 모양이나 발음이 비슷해서 헷갈리는 거야.

■ 두 말에서 조금 더 쓰기 편한 '어떡해'를 일반화해서 쓸걸?

*어떻게
'어떠하다'의 줄인 말

*어떡해
'어떻게 해'를 줄인 말

화주승은 그제야 제일 윗줄 붉은 칸에 '심학규 쌀 3백 석'이라고 써 두었습니다. 화주승이 돌아가고 나서 심 봉사는 자신이 큰일을 저질렀다는 사실을 깨달았어요. **어떻게** 해도 쌀 3백 석을 마련할 길이 없음을 누구보다 잘 알고 있는 심 봉사는 눈물이 앞을 가렸습니다.

제때 연탄불을 안 갈았다고 언니한테 야단을 맞을 것 같았다. 집게를 들고 부엌 쪽문을 열었다. 엇 뜻밖에도 연탄이 한 장도 안 남았다. 분명 엊그제만 해도 서너 장은 남아 있었는데 어느새 다 떨어졌나 보다.
'**어떡**하지?'

일상에서 발음이 같은 '어떻게'와 '어떡해'를 혼동하여 쓰거나, 잘못된 형태인 '어떻해'를 쓰기도 해요. '어떻게'와 '어떡해'는 전혀 다른 말이랍니다.

'어떻게'는 '어떠하다'가 줄어든 '어떻다'에 어미 '-게'가 더해져 부사로 쓰이는 말이에요. '어떻다'의 부사형인 '어떻게'는 동사를 꾸며 준답니다.

- 이 일을 어떻게 하면 좋을까? → **'어떻게'가 '하다'를 꾸며 주고 있네?**

'어떻게'는 다섯 가지 사전적 뜻에 따라 다음처럼 쓰여요.

1. 어떤 방법이나 그 방법으로
- 이 빵은 어떻게 만들어졌을까?

2. 어떤 모양이나 형편으로
- 수정아, 어떻게 지냈니?

3. 어떤 까닭으로
- 이 산골 마을에 어떻게 왔나요?

4. 의문문에 쓰이면서 그럴 수 없음을 강조할 때
- 그 사람이 어떻게 이럴 수 있지?

5. 상상할 수 없을 정도로 엄청나게
- 그 나무가 어떻게 높은지 고개가 아팠어.

'어떡해'는 '어떻게 해'가 줄어든 말이에요. '어떻게 해'는 부사어와 동사가 더해진 하나의 *구(句)랍니다. 그 자체가 '어떻게 해'라는 뜻이 있어서 문장 마지막에는 서술어로 쓰일 수 있지만, 다른 말을 꾸며 주지는 못한답니다.

*구(句)
둘 이상 단어가 모여 절이나 문장 일부를 이루는 토막

- 가방을 잃어버렸어. 나 어떡해. → **문장 마지막에 쓰였지?**

'애들'과 '얘들', 어떻게 다를까?

● 진짜진짜
아리송하네?

　　현장 체험 학습으로 수정이네 학교는 박물관에 갔어. 서울의 박물관에도 이렇게 많은 유물이 있을 줄 수정이는 미처 몰랐대. 점심을 먹은 뒤 선생님은 아이들을 모아 다음 장소로 이동하려고 하셨어. 친구들이 대부분 모였는데 아직 모이지 않은 친구들이 있지 뭐야? 반을 찾기 쉽도록, 모인 친구들은 종이에 글을 써서 들고 있기로 했어!

　　'애들'과 '얘들'로 저마다 다르게 썼네? 친구들은 '애들'과 '얘들' 가운데 뭐라고 쓰겠니? 그리고 이 두 말이 어떻게 다른지 알고 있니?

'애들'과 '얘들', 이래서 헷갈린데!

■ 글자의 모양이 비슷하고 발음으로도 구별이 안 되니 헷갈리는 거야.

■ 복수형으로 쓸 일이 많이 없어서 '얘들아'라고 쓰는지도 몰라.

필도 인기다. 애들이 하도 컴퓨터 자판만 두드리니까 글씨가 완전히 지렁이 기어가는 것 같더라. 그래서 바른 글씨 쓰기도 성적에 들어가는 바람에 셀프 연필이 인기 있는 거지. 게임 아이템이나 셀프 연필 선물해

"그거 좋은 생각인데? 애들아, 우리 서로서로 얼굴에 그림을 그려 주는 건 어떨까?"
아얀다와 단테카는 어리둥절했어요. 생전 처음 들어 보는 놀이거든요.

'애들'과 '얘들',
비교해 볼까?

아이들을 부를 때 '애들'인지 '얘들'인지 잘 모르겠지요? 이 두 말은 확실한 차이가 있답니다. 지금부터 그 차이를 함께 살펴볼게요.

아이의 줄인 말을 '애'라고 해요. 같은 말로는 아기, 아가는 옳지만 애기는 쓰지 않지요. 조금 헷갈리지만, 예문을 통해 자세하게 보겠습니다.

- 그 애들은 키가 크다.
- 우리 애는 많이 아프다.

예문처럼 애들 앞에 '이/그/저/우리' 등 지시해 주는 말이 있으면 애들이라고 쓴답니다. 앞에 지시해 주는 말이 없는데 '애들아'라고 쓰면 맞지 않아요.

'얘'는 부름말 '야'와 같은 뜻으로 쓰거나 '이 아이'의 줄어든 표현이에요. 주로 문장의 첫머리에서 대상을 지시하거나 부를 때 사용해요. '애들'처럼 '이/그/저' 뒤에는 쓰지 않는답니다.

- 얘가 어디 갔지?
- 얘는 얼굴이 하얗게 생겼어.

가리키는 대상이 어디에 있는지에 따라서도 '애'와 '얘'는 다르게 쓰여요.
두루뭉술하게 어떤 아이를 가리킬 때는 '애'를, 가까이에 있는 아이를 직접 가리킬 때는 '얘'를 써요.

- 얘가 그런 거야, 애가 그런 거야?
  → 얘는 내 앞에 있는 아이, 애는 멀리 있는 아이 또는 다른 아이를 가리키고 있어.

'체'와 '채', 어떻게 다를까?

? 진짜진짜 아리송하네?

수정이는 목욕탕에 갔어. 열심히 씻고 있는데 문 쪽을 보니 같은 반 친구인 선화가 보이는 거야. 발가벗고 있어서 부끄러웠지만, 지나칠 수 없어 인사하려고 하니 선화가 그냥 지나치는 게 아니겠어? 심지어 목욕이 끝나고 나갈 때도 선화는 인사하지 않았지. 다음 날, 수정이는 서운함에 선화의 책상 위에 쪽지를 남겼어.

> 선화 너, 목욕탕에서
> 나 보고도 왜 모르는
> 채하냐?
> 나 서운했어.
>
> 수정이가

'체'와 '채', 이래서 헷갈린대!

■ 생활에서 구별없이 '채'를 더 많이 쓰다 보니 무작정 쓰는 습관이 들지 않았니?

*체
그럴듯하게 꾸미는 거짓 태도나 모양

*채
있는 상태 그대로

'그럴듯하게 꾸미는 거짓 태도나 모양'을 나타내는 말은 '체'라고 써야 정확한 말이란다. 지금부터 '체'와 '채'가 어떻게 다른지 함께 살펴볼까?

한 마디 없이 5천 냥을 주어 보냈습니다. 뜯기고 채어서 제 몸도 제대로 가누지 못하던 놀부는 아직도 욕심을 버리지 못한 채 다음 박을 켜라고 사람들을 재촉했습니다.

가만히 듣던 자라는 조금 부추겨 줬더니 잘난 체하며 뽐내는 토끼가 얄미웠습니다.

"여보시오, 토 생원 말씀 다 하셨소? 아마도 내가 물에 사니

'체'와 '채',
비교해 볼까?

'체'와 '채' 모두 어떤 상태를 나타내 주는 의존 명사예요. 발음도 표기법도 비슷비슷해서 여러분이 많이 헷갈리는 말이랍니다.

'체'는 그럴듯하게 꾸미는 거짓 태도를 말해요. '척하다'의 뜻이 있어서 '잘난 체하다/점잖은 체하다/똑똑한 체하다'로 쓰이고 있어요.

- 우리 반 친구 중에 똑똑한 체하는 아이가 있다.

이와 달리 '채'는 '어떤 상태가 계속된 대로 그냥'을 뜻해요. 또는 어떤 정도에 이르지 못한 상태를 뜻하기도 해요.

- 옷을 입은 채로 잔다. → 입은 상태가 계속되고 있지?
- 사과가 채 익지 않았다. → 완벽하게 익은 상태가 아니지?

'체'와 '척'을 쉽게 구별하는 방법도 있어요. '척'을 넣어서 자연스러우면 '체'를 쓴다거나 어미 '-은'과 '-는' 뒤에 올 채를 의존 명사로 쓰는 방법이에요.

- 보고도 못 본 체(← 척) 딴전을 부리는 친구
- 벽에 기댄 채 책을 읽었다.

'가르치다'와 '가리키다', 어떻게 다를까?

우리말 마당

● 진짜진짜
아리송하네?

스승의 날에 수정이 반에서는 특별한 행사를 했대. 친구들은 다양한 이야깃거리나 놀이를 가지고 일일 선생님이 되는 행사였지. 종이접기 선생님, 옛날이야기 선생님 등. 그 가운데에서 수정이는 동전 마술과 보석 옮기기 마술을 보여 주는 마술 선생님이 되었대! 덕분에 수정이는 그날 제일 인기 있는 선생님이 되었지 뭐야? 다음 날, 친구에게 예쁜 엽서도 한 장 받았어.

수정이에게
어제 마술 시범 수업은 정말 멋졌어.
동전을 쥔 손을 앞에서 쫙 폈는데 어떻게
그 손에 아무것도 없었는지 신기하더라!
나도 그 마술 비법을 좀 가르켜 주지
않을래? 가르켜 주면 매점에서 과자 살게.

'가르치다'와 '가리키다',
이래서 헷갈린대!

■ 옛날 국어에서 '▽르치다'에 '가르치다'와 '가리키다'라는 뜻이 같이 들어 있었대.

■ 소리를 쉽게 내려고 앞소리와 뒷소리를 서로 섞어 쓰지는 않았니?

*가르치다
지식이나 기술 등을 익히게 하다.

*가리키다
손가락 등으로 방향이나 대상을 집어 보이다.

저기 '가르켜 주지'라는 말이 보이지? 가르키다? 가리키다? 가르치다? 뭐가 뭔지 알쏭달쏭하지만, 지금부터 이 두 말이 어떻게 다른지 함께 살펴보자.

녁으로 °문안만 할 뿐, 그 뒤에는 제 일만 하니 말벗 하나 없어, 네 사정은 들어서 알고 있다. 양반 말로 태어났으나 형편이 어려워 고생이 이만저만이 아니라고 하더구나. 우리 집에 오면 배부르게 먹고 살림과 글공부도 내가 직접 가르쳐 줄 테니 °수양딸로 오지 않으련?"

왔답니다. 그런데 어사또 앞에 놓인 상은 모서리가 다 떨어진 °개다리소반에 닥나무 젓가락과 콩나물 그리고 깍두기와 막걸리 한 사발뿐이었어요. 기분이 상한 어사또가 상을 발로 확 차 버리고 운봉 영장 앞에 놓인 갈비를 가리키며 말했습니다.

'가르치다'와 '가리키다' 이 둘은 철자와 발음이 비슷해서 둘을 섞어 '가르키다'나 '가리치다' 등으로 잘못 쓰곤 해요. 따져 보면 뜻이 분명해서 헷갈릴 까닭이 없는데도 많이 틀리는 이유를 깊이 살펴볼게요.

옛날 국어에서 '가르칠 교(敎)/가르칠 훈(訓)/가르칠 회(誨)/가리킬 지(指)' 등을 모두 'ᄀᆞᄅᆞ치다'라고 썼다고 해요. 그 뒤 손가락의 뜻이 있는 지(指)는 '가리키다'라는 뜻으로 굳어져 쓰였어요. 오늘날 '가르키는'과 '가리치는' 등으로 섞어 쓰는 까닭은 옛말 'ᄀᆞᄅᆞ치다'에 '가르치다'와 '가리키다'의 뜻이 함께 있어 자연스럽게 섞어 쓰는 습관이 밴 거예요.

'가르치다'는 "지식이나 이치 등을 깨닫거나 익히게 하다."라는 뜻이 있어요.

• 저는 학생들에게 우리말을 가르치고 있습니다. → **우리말을 익히게 하네?**

'가리키다'는 "손가락 따위로 어떤 방향이나 대상을 집어서 보이거나 말하거나 알리다."라는 뜻이에요.

- 손가락으로 하늘의 달을 가리켰다. → 하늘에 있는 달이라는 대상을 말해.

24 '베다'와 '배다', 어떻게 다를까?

우리말 마당

?

● 진짜진짜
아리송하네?

수정이네 담임 선생님은 주말에 체험 활동에서 보고 느낀 점을 자유로운 글로 써서 내라는 숙제를 주셨어. 이번 주말에 수정이는 부모님과 체험 활동으로 등산했다고 해. 처음에는 힘들기만 했대. 하지만 깨끗한 공기를 마시며 자연도 둘러보니 생각이 달라졌나 봐. 집으로 돌아온 수정이는 그날 산에 올랐던 기분을 시로 써 봤어.

등산

한수정

평지도 있고 오르막도 있고
자갈도 있고 계단도 있고
한 발 한 발 따박따박
올라 드디어 정상
옷에 땀이 흠뻑 베어
시원한 바람
사과 한 입 베어 무니
새콤달콤 사과 즙 아, 하늘
끝까지 올라왔구나.

'베다'와 '배다',
이래서 헷갈린대!

■ 두 말이 각각 어떤 뜻인지 정확히 모르고 있지 않니?

■ 똑같은 ㅂ만 생각하고 모음 'ㅔ/ㅐ' 구별을 귀찮아하지는 않았니?

*베다
날이 있는 연장 따위로 무엇을 끊거나 자르거나 가르다.

*배다
스며들거나 버릇이 되다.

힘들게 산에 올라온 기쁨을 시로 참 잘 썼지?

그런데 중간에 있는 '베어'라는 말이 잘못 쓰였네? 생활에서 '베다'와 '배다'라는 말을 자주 쓰지만, 맞춤법을 많이 헷갈리곤 해. 오늘은 이 '베다'와 '배다'가 어떻게 다른지 자세히 살펴보도록 할게.

"태자께서는 참으십시오, 제가 잡겠습니다."
그러고는 나는 듯이 들어가 왼손에 칼을 들고 극한 머리를 베더니 긴 창을 들고 들어가 한진 머리까지 베어 두 손에 들고 돌아왔습니다. 그러자 한담이 장막 밖으로 나서며 9척 장검을 높이 들고 한칼에 명을 치려고 나서려 했습니다. 이때 먼저 남적 선봉

아줌마가 해 준 반찬은 정말 맛있었다. 고기반찬이 아니어도 이렇게 맛있는 음식은 처음이었다. 어쩌면 아줌마를 비롯한 온 가족의 따스함이 베어 있어서인지도 모르는 일이었다. 왠지 그동안 아줌마에게 못되게 굴었던 것이 미안하고 죄송했다.

'베다'와 '배다'
비교해 볼까?

'베다'는 날이 있는 연장 등으로 무엇을 "끊거나 자르거나 가르다 또는 상처를 낸다."라는 뜻이 있어요. 누울 때 베개 따위로 머리 아래를 받친다는 뜻도 있지요.

'베다'를 두 물체가 가로세로로 서로 걸쳐져 이루어질 때 쓰이는 말이라고 조금 다르게 생각해 보면 어떨까요? 이를테면 낫이 벼와 더하기 모양(+)으로 서로 겹칠 때 베이고, 머리와 베개가 서로 더하기 모양(+)으로 만나서 머리를 베개에 누이는 모습처럼요.

낫이 벼를 베었다.

할머니가 베개를 벴다.

'배다'는 주로 액체나 냄새 등이 스며들 때를 뜻해요. 액체나 냄새만이 아니라 버릇이나 반응, 행동 등에 익숙해질 때도 쓴답니다. 또 동물이 배 속에 새끼를 가졌을 때도 '배다'를 써요. 정리하면 '배다'는 무언가가 무언가에 들어가거나 품을 때 주로 쓰는 말이라고 할 수 있겠지요?

• 쏟아진 물이 청바지에 뱄다.

액체인 물이 바지에 스며들었어!

• 고양이가 새끼를 뱄다.

고양이 배에 새끼가 있어!

25 '햇볕'과 '햇빛', 어떻게 다를까?

● 진짜진짜
아리송하네?

지루하게 내리던 장마가 드디어 끝나고 무더위가 찾아왔어! 비가 너무 많이 오는 바람에 수정이는 아무 데도 나가지 못하고 집에만 있어야 했지. 장마 내내 눅눅했던 옷을 말릴 수 있다며 엄마는 기뻐하셨어. 함께 빨래를 널자는 엄마 말씀에도 수정이는 친구들과 너무 놀고 싶어서 이렇게 문자를 남기고 나가 버렸지 뭐야?

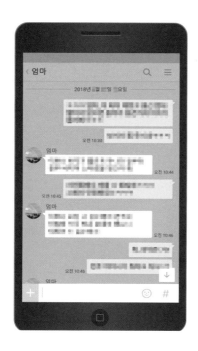

햇볕이 너무 밝아서
친구들이랑 잠깐 놀고 올게요!

'햇볕'과 '햇빛',
이래서 헷갈린데!

■ '햇'이라는 말이 똑같이 들어가니 어떻게 다른지 잘 모르는 거야!

■ 비슷한 말인데 상황에 따라 뜻이 달라져서 더 복잡하게 느껴지지는 않았니?

*햇볕
해가 내리쬐는 기운

*햇빛
해의 빛

수정이가 쓴 '햇볕'이란 말이 보이니? 이번에 소개할 이 두 말은 친구들뿐만 아니라 어른들도 구별을 어려워해. '햇볕'과 '햇빛' 두 말을 듣기만 해서는 어떻게 다른지 잘 모르겠거든. 여러분의 국어 실력과 상식 키우기를 위해 차근히 살펴볼까?

해는 우리에게 열과 빛을 주는 소중한 존재예요. 해가 없다면 우리는 밝은 세상에서 하고 싶은 일을 하기가 힘들답니다. 해와 관련 있으면서 가장 많이 쓰는 말이 '햇볕'과 '햇빛'이지요? 이 두 말은 비슷하게 보이지만 상황에 따라 다른 뜻을 갖는답니다.

'햇볕'은 '해'와 '볕'이 만나 이루어진 말이에요. 이렇게 만들어진 '햇볕'은 '내리쬐는 따뜻하거나 뜨거운 기운'을 뜻한답니다. 다시 말해 느껴지는 촉각과 가까운 말이라고나 할까요? 잘 와 닿지 않는 친구들을 위해 '햇볕'이 쓰인 문장으로 자세히 살펴보겠습니다.

햇볕이 잘 드는 곳에서 빨래가 잘 마른다.

'햇빛'은 '해'와 '빛'이 더해져 이루어진 말이에요. 만들어진 어원처럼 해에서 나온 빛을 뜻하지요. 따라서 '밝음'과 관련이 있는 시각과 가까운 말이라고 생각하세요. '햇빛'이 들어간 문장을 살펴볼까요?

- 햇빛 때문에 눈이 부시다.
- 시냇물에 햇빛이 비쳤다.

'껍질'과 '껍데기', 어떻게 다를까?

진짜진짜
아리송하네?

엄마가 끓여 주신 조개탕을 맛있게 먹던 수정이에게 큰일이 생겼어! 시원한 국물과 함께 조개를 먹다가 벌어진 일이야! 갑자기 따닥 하는 소리가 나면서 이빨이 아파서 견딜 수가 없었대! 그날 겪은 일을 수정이는 이렇게 일기로 썼네? 대체 무슨 사연인지 한번 볼까?

2018년 ○○월 ○○일 맑음
 제목 : 조개탕을 먹다 생긴 일

오늘 엄마는 내가 좋아하는
조개탕을 끓여 주셨다.
국물과 조개를 숟가락으로
퍼서 먹고 있을 때였다.
따닥 하는 소리가 나면서
이빨이 너무너무 아팠다.
엄마는 내가 조개껍질을
씹은 거라고 했다.

'껍질'과 '껍데기',
이래서 헷갈린대!

■ 생활에서는 '껍질'과 '껍데기'
를 나눠서 따로 말하지 않아.

■ 특히 과일 종류를 더 많이 먹
다 보니 '껍질'이라는 말을 더
익숙하게 쓰지 않니?

■ '조개껍질 묶어……' 이 동요
때문에 머릿속에 '껍질'이 더
익숙할 거야.

*껍질
딱딱하지 않은 물체의 겉
을 싸는 질긴 물질

*껍데기
겉을 싸고 있는 단단한 것

아하, 조개 속살과 함께 딱딱한 겉을 같이 씹었구나? 그런데 수정이가 쓴 '조개껍질'은 맞는 맞춤법일까? 오늘은 이 '껍질'과 '껍데기'가 어떻게 다른지, 자세히 살펴보도록 할게.

떳떳한 도라나 얼굴
㉗ 앵무배 : 금조개 껍
데기로 앵무새 부리
모양으로 만든 술잔

배가 고팠습니다. 간수들은 쌀 껍질 반 모래 반인 밥에 소금이나 쓰쓴 장아찌를 반찬으로 줬는데, 그마저도 반으로 줄이면 정말 죽을 경이었지요. 이럴 때 다른 죄수들이 고깃국과 김치를 먹으면, 그 냄

'껍질'과 '껍데기'라는 말을 많이 듣고 쓰지요? 이 두 말은 글자나 소리가 완전히 다르지만, 뜻이 비슷해 나눠 쓰기가 참 어려운 말이랍니다.

'껍질'은 주로 딱딱하지 않은 물체의 겉을 싸는 질긴 무언가를 말합니다.

• 귤과 사과 껍질을 까다.

• 껍질째 구운 연어 요리

'껍데기'는 조개나 달걀 등의 겉을 싸고 있는 단단한 것을 말합니다. 책 껍데기, 치약 껍데기가 대표적이에요. 또 알맹이를 빼내고 겉에 남은 물건 그리고 이불이나 베개의 겉도 '껍데기'라 하지요.

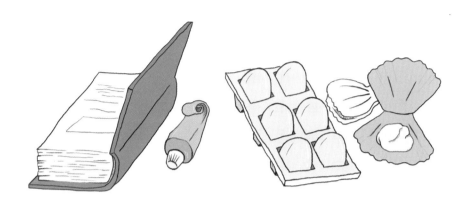

　'껍질'과 '껍데기'를 모두 쓸 수 있는 말도 있어요. 대부분 겉이 단단하거나 딱딱한 것들인데 '호두·은행·달걀·조개·굴·나무'가 이런 예랍니다. 이때 알맹이와 겉이 분리되지 않았을 때는 '껍질'로, 속에 있는 알맹이를 빼낸 겉은 '껍데기'라고 한답니다.

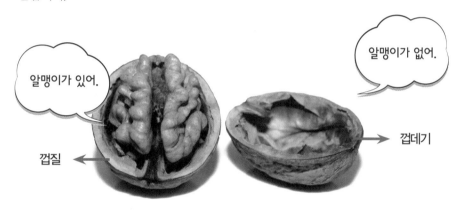

알맹이가 없어.

알맹이가 있어.

껍데기

껍질

　정리하면 딱딱한 물체냐, 아니냐에 따라 '껍질'과 '껍데기'를 나눠서 쓴다고 생각하면 기억하기 쉽겠지요?

'밑'과 '아래', 어떻게 다를까?

우 리 말 마 당

?
● 진짜진짜
아리송하네?

한국에서 열리는 올림픽에 수정이는 들떴어. 가 보지 못한 세계 여러 나라에서 오는 선수들을 볼 수 있는 개막식을 손꼽아 기다리고 있었거든. 멋진 음악과 공연으로 꾸며진 개막식은 흥겨웠어. 다음 날 미술 시간에 올림픽을 주제로 그림을 그려야 했는데 수정이는 자신 있게 스케치북에 올림픽 개막식을 그렸어. 관중석을 가득 메운 사람들, 한가운데에서 공연하고 있는 사람들, 입장하는 선수들을 그린 뒤, 이렇게 글을 썼대.

> 많은 사람이 기뻐하고
> 보는 올림픽 개막식.
> 관중석의 사람들 밑에 있는
> 무대에서 또 다른
> 사람들이 공연한다.
> 지켜보는 사람들 아래에
> 쓰레기가 없어야 할 텐데.

저작자 : korea.net

'밑'과 '아래',
이래서 헷갈린대!

■ 둘 다 비슷한 뜻이어서 똑같
은 뜻이라고 생각했지?

■ 어떤 상황에서 어떤 말을 쓸
지 헷갈릴 거야.

저 글을 봤을 때 잘못된 맞춤법을 찾을 수 있었니?

오늘은 비슷해 보이지만, 따져 보면 뜻이 다른 우리말 '밑'과 '아래'를 살펴볼 거야. 조금 어려울 수도 있지만 쉽게 살펴볼 테니 걱정하지 마.

여러분은 '밑'과 '아래'라는 말을 들으면 어떤 차이가 있다고 생각하나요?

두 말 모두 무언가보다 낮은 곳에 있다는 뜻 때문인지 차이 없이 쓰고 있지는 않나요? 차근차근 따져 보면 '밑'과 '아래'는 각각 다르게 쓰이고 있답니다.

'밑'은 사물의 바로 아래쪽이나 아래쪽에 '붙어 있는' 곳을 말해요. 어떤 사물의 영향이 곧바로 미치는 아래쪽을 가리키기도 한답니다.

'밑'과 '아래', 비교해 볼까?

• 발밑에 개미떼가 지나간다.
→ 바로 밟힐 만한 곳에 개미가!

• 선수들은 호랑이 코치 밑에서 열심히 훈련했다.
→ 코치가 직접 영향을 준다는 뜻이네?

'아래'는 어떤 사물에서 '어느 정도 떨어진 아래'를 말해요. 또 그 지점에서 아래로 넓은 지역을 말할 때 쓰기도 한답니다.

• 봉우리에 올라서니 발아래로 새 세상이 펼쳐졌다.
→ 발에서 어느 정도 거리가 떨어진 곳!

01 맞는 문장에 ○, 틀린 문장에 ×를 표시하시오.

> 보기
>
> 우리 집에서 내가 망내이다. (×)

- 얼마 전에 걸린 감기가 낳았다. (　　)
- 좋은 결과를 낫다. (　　)
- 이모가 쌍둥이를 낳았다. (　　)
- 이번 시험에서 수학 점수가 낮다. (　　)
- 겨울이 되니 교실 온도가 낫다. (　　)
- 의자의 개수를 늘이다. (　　)
- 고무줄을 길게 늘이다. (　　)
- 너는 너무 말라서 체중을 늘여야 해. (　　)

02 다음 보기에서 알맞은 맞춤법을 골라 번호를 쓰세요.

- 할머니와 함께 산을 (　　) 이모 집에 갔다.
- 고개 (　　) 시장에 갔다.
- 옷을 다리미로 (　　).
- 할아버지께서는 한약을 잘 (　　) 먹었다.
- 엄마는 장을 (　　).
- 재석이는 얼굴에 미소를 (　　).
- 치마가 흘러내리지 않게 허리에 띠를 (　　).
- 두 줄을 (　　) 써라.

> 보기
>
> ① 달였다 ② 띠다 ③ 띠고 ④ 너머
> ⑤ 띠었다 ⑥ 다리다 ⑦ 달여 ⑧ 넘어

03 괄호에 들어갈 올바른 맞춤법을 이어 보세요.

톱(　) 나무를 자른다. ・ ・ 으로서

나는 학생(　) 공부를 열심히 해야 한다. ・ ・ 맞췄다

문제의 정답을 (　)사람에게 상품을 드립니다. ・ ・ 맞힌

주몽은 활을 잘 쏘는 사람으로 과녁을 잘 (　). ・ ・ 맞췄다

시험을 보고 옆 짝이랑 정답을 (　). ・ ・ 붙이다

할머니께서 한복을 (　). ・ ・ <u>으로써</u>

동생이 어려운 퍼즐을 (　). ・ ・ 맞췄다

학예회 포스터를 강당에 (　). ・ ・ 맞췄다

04 밑줄 친 말을 고쳐 쓰세요.

> **보기**
>
> 우리 집에서 내가 <u>망내</u>이다.
> → 　　　　　　 막내

・ 할머니께서 김치전을 <u>붙였다</u>.

→

・ 책을 친구에게 소포로 <u>붙쳤다</u>.

→

・ 부모님이 안 계셔서 내가 오늘 밥을 <u>앉혔다</u>.

→

・ 네 살배기 친척 동생을 의자에 <u>안쳤다</u>.

→

・ 지혜는 일기를 깜박 <u>잃고</u> 가져오지 않았습니다.

→

・ 친구 집에 가다가 길을 <u>잊고</u> 헤매었습니다.

→

・ 오늘 즐거웠어. 내 생일에 <u>반듯이</u> 초대할게.

→

05 다음에서 틀리지 않은 문장을 모두 고르세요.

① 책꽂이에 책을 반듯이 꽂아야 보기 좋아.

② 도서관에 있다가 나갔다.

③ 있다가 6시에 학교에서 봐.

④ 오늘 저녁 반찬으로 먹을 생선을 졸였다.

⑤ 교통사고가 났다는 소식을 들은 엄마는 마음을 졸였다.

⑥ 부모님의 의견을 쫓아 공부를 시작했다.

⑦ 강아지가 고양이를 쫓았다.

⑧ 강아지가 고양이를 보고 짖었다.

06 길잡이에서 올바른 글자를 골라 빈칸을 채워 보세요.

> 보기
>
> 우리 집에서 내가 막내이다.

• 엄마는 날마다 아침밥을 □습니다.

• 명수는 종일 미소를 □고 있었다.

• 동시를 □는 국어 시간은 활기가 넘친다.

• 형과 동생의 성격이 □□다.

• 철수는 계산이 □렸어.

• 하늘이 끄물□□하다.

• 굼벵이는 행동이 꾸물□□해.

• 공부 □하고 뭐 하나?

• 오늘은 비가 □ 온대요.

> 길잡이
>
> **꾸물, 짓, 다르, 틀, 끄물, 안**

07 다음에서 올바른 맞춤법을 고르세요.

- 이 일을 (어떻게, 어떡해) 하면 좋을까?
- 너 (어떻게, 어떡해) 된 거야?
- (애들아, 얘들아) 모두 모여라.
- 그 (애, 얘)는 키가 무척 크다.
- (애, 얘)가 어디 갔을까?
- 날 보고도 못 본 (채, 체)한다.
- 신을 신은 (채, 체)로 방에 들어왔다.

08 다음에서 틀린 문장을 모두 고르세요.

① 저는 지금 초등학교에서 학생들을 가르키고 있습니다.

② 누나가 두부를 썰다가 칼에 손을 벴다.

③ 그는 손가락으로 북쪽을 가르쳤다.

④ 사과를 한입 베어 먹다.

⑤ 할아버지는 목침을 베고 정자에 누워 낮잠을 주무신다.

⑥ 어머니는 빨래를 햇볕에 너셨다.

⑦ 옷에 땀이 뱄다.

⑧ 어두운 곳에서 나오니 햇빛에 눈이 부셨다.

09 다음 본문에서 밑줄 그은 맞춤법 가운데 틀린 곳을 골라 고쳐 쓰세요.

주말을 맞아 우리 가족은 오랜만에 소풍을 갔다. 가족이 함께 간 곳은 소나무가 울창한 수목원이었다. 수목원 밑에는 초가집이 늘어서 있었다. 초가집 ① 아래에는 제비가 집을 지어 놓기도 했다. 우리는 귤 ② 껍데기를(을) 벗겨 먹으며 그것을 바라봤다. 우리는 귤 말고도 사과를 챙겨 왔는데 ③ 껍질이(가) 너무 두꺼워 깎아 먹기가 불편했다. 여기저기를 구경하다 보니 어느새 어두워졌다. 하늘에 떠 있는 달 ④ 밑에 나무 그림자가 어른거렸다. 집에 도착하자마자 우리 가족은 베개를 ⑤ 배고 잠에 빠졌다.

'표준어'를 알아야 틀리지 않는대!

  무엇을 표준어라고 할까요?
흔히 표준어 하면 '서울말'이라고 생각하지 않나요?
그렇다면 표준어는 왜 서울말이라고 정해 놓았을까요?

우리나라는 지역마다 방언이 있어요. 표준어를 현대 서울말로 정해서 서울말이 아닌 것은 방언이라고 볼 수 있지요. 방언과 표준어가 함께 쓰이면서 정확한 맞춤법을 많은 친구가 헷갈리고 있답니다.

"교양 있는 사람들이 두루 쓰는 현대 서울말로 정함을 원칙으로 한다."라고 표준어 원칙이 정해져 있어요. 그래서 표준어 하면 서울말이라고 생각하는 이유도 이 때문이에요.
누구나 공통으로 쓸 수 있게 마련한 교양 있는 공용어이므로 모두가 표준어를 익혀서 올바르게 사용해야겠지요?
우리말이 너무 많아서인지 이 표준어를 제대로 알지 못하는 친구들도 있어요.
그만큼 표준어가 많기도 하지만 잘못 알려진 말도 있기 때문이에요.
지금부터 교양 있는 현대 표준어를 제대로 알아볼까요?

01 '살쾡이'가 맞을까, '삵괭이'가 맞을까?

우리말 마당

진짜진짜 아리송하네?

수정이네 반에서는 과학 시간에 흥미로운 주제를 공부했어. 비슷비슷하게 생긴 곤충이나 동물을 놓고 비교하는 관찰이었거든! 선생님은 칠판에 사진 한 장을 붙이시면서 무슨 동물인지 아는 사람은 나와서 써 보라고 하셨지. 수정이는 자신만만하게 칠판으로 나가 이렇게 답을 썼지 뭐야?

○○월 ○○일 ○요일

삵괭이

청소당번

박△△
서□□

'살쾡이', 이래서 틀린대!

선생님은 맞춤법 때문에 정답이 아니라고 하셨어! 친구들은 수정이가 쓴 답 말고 떠오르는 정답이 있니? 그럼 지금부터 '삵괭이'의 표준어는 무엇인지 살펴볼까?

■ 삵 + 괴 + -앙이 = 살쾡이

■ 삵이라는 동물 이름은 많이 들어서 머릿속에 박혀 있지?

■ 거기에 고양이가 줄어든 말인 괭이가 더해져 '삵괭이'가 표준어처럼 생각됐지?

*거센소리
소리에 숨이 섞여 거칠게 나는 소리로 'ㅋ/ㅌ/ㅍ/ㅊ'이 있어요.

*거센소리를 가진 형태를 표준어로 삼는다.

'살쾡이'는 거센소리를 가진 형태의 말이에요. 살쾡이가 왜 이런 표기법을 갖췄는지 알려면 먼저 '쾡이'를 살펴봐야 한답니다. 살쾡이는 삵과 쾡이가 더해진 복합 명사 형태로 이루어져 있어요. 살쾡이의 쾡이는 고양이가 줄어든 괭이와 연관이 있어요.

삵 + 괴 + -앙이 = 살쾡이

고양이가 줄어든 말

*삵과 살쾡이 모두 같은 말이라 복수 표준어로 인정하고 있어요.

'살쾡이'란 말은 우리에게 잘 알려진 '삵'보다 나중에 발달한 말이에요. 삵쾡이의 발음은 [삭꽹이]로 나지만 발음해 보면 굉장히 어렵고 어색하지 않나요? 그래서 쉬운 발음을 위해 '살쾡이'로 바뀌었답니다.

살쾡이와 비슷한 거센소리를 가진 표준어를 아래에 정리해 놓았어요. 아래 표에 나와 있듯이 표준어와 표준어가 아닌 말이 비슷비슷해서 헷갈리지요? 둘을 비교해 볼까요?

표준어	표준어가 아닌 것	–
끄나풀	끄나불	
나팔꽃	나발꽃	
녘	녁	동-, 들-, 새벽-, 동틀-
부엌	부억	
살쾡이	삵쾡이	
칸	간	
털어먹다	떨어먹다	재물을 다 없애다.

정리하면 삵쾡이는 표준어로 틀린 말이에요. 사람들에게 조금 더 쉬운 발음을 위해 '살쾡이'가 표준어라는 사실을 잊지 마세요.

02 '강낭콩'이 맞을까, '강남콩'이 맞을까?

?

● 진짜진짜
  아리송하네?

학교 수업이 끝나고 집에 돌아온 수정이는 학교에서 치른 쪽지 시험에서 틀린 문제를 공책에 정리하고 있었어. 이렇게 정리해야 다음 시험에서 실수하지 않거든! 자, 수정이는 어떤 문제를 왜 틀렸을까?

강낭콩?   강남콩?

1. 콩의 이름을 쓰시오.

(강남콩)
정확한 맞춤법으로
다시 써 보길!

'강낭콩',
이래서 틀린대!

■ 우리나라의 '강남'이란 지역
  이름 때문에 강남콩으로 쓰
  지는 않니?

■ 실제로 콩이 유래된 지역이
  중국 강남 지역이래!

■ 발음하다 보면 받침을 'ㅇ'으
  로 써야 할지, 'ㅁ'으로 써야
  할지 헷갈릴지도 몰라.

어? 그런데 답 밑에 선생님이 강남콩은 정확한 맞춤법이 아니라고 써 주셨네? 친구들은 어떻게 생각해? 지금껏 '강남콩'으로 알고 있었는데 그럼 대체 뭐가 표준어일지 함께 살펴보지 않을래?

*어원에서 멀어진 형태로 널리 쓰이는 것을 표준어로 삼는다.

어원이 뚜렷하게 있지만, 그 유래가 약해지고 오랜 세월이 흐르면 사람들은 어원을 잘 생각하지 않게 돼요. 그때 어원에서 멀어진 형태를 표준어로 삼는다고 규칙을 정해 놓았어요. '강낭콩'이 바로 이런 규칙에 따른답니다.

아주 먼 옛날에는 '강낭콩'도 '강남콩'이라고 썼어요. 중국 강남(江南) 지역에서 왔다고 그렇게 불렀다고 하지요. 또 1988년, 강낭콩이 표준어로 되기 전에는 강남콩이 표준어였다고도 해요. 이 때문에 서울특별시 강남구에서 콩을 재배하여, 강남산 콩으로 많은 사람이 오해하곤 했어요. 지금은 강남콩이 아닌 '강낭콩'이 표준어란 사실을 꼭 기억해 두세요. 강낭콩과 비슷한 표준어 예로는 사글세와 고삿이 있답니다.

표준어	표준어가 아닌 것	-
고삿	고샅	겉, 속
사글세	삭월세	

'수소'가 맞을까, '숫소'가 맞을까?

?
● 진짜진짜
아리송하네?

　　저번 수업 시간에 살쾡이 사진으로 문제를 내셨던 선생님이 이번 시간에도 재미난 문제를 내셨어. 저번과 다르게 아이스크림 상품이 걸려 있다는 점이 다르지만 말이야. 선생님은 게시판에 소 사진 두 장을 붙이셨는데 비슷하지만, 다른 점이 있는 소 사진이었어! 제일 먼저 나간 수정이는 게시판에 이렇게 정답을 썼네?

○○월 ○○일 ○요일

숫소

'수소',
이래서 틀린대!

■ 수 + 소 = 수소
■ 발음할 때 더 자연스럽다고
　느껴서 '숫소'라고 쓰지 않니?
■ 접두사 '수-'의 이해와 사이시옷이 들어가는 규칙을 잘 모를 거야.

　　자신 있게 '숫소'라고 썼는데 이게 정답이 아니래! 이번에도 또 맞춤법 때문에 수정이는 아이스크림을 놓쳤어! 그럼 표준어는 대체 무엇일까?

'수소'
들여다보기

*접두사
단어 앞에 붙어 새로운 단어
를 만들어 줘요.
보기
수소, 수개미
→ 여기에서 '수-'가 접두사
예요.

수컷을 이루는 *접두사는 '수-'로 통일한다.

표준어 규정에는 수컷을 이루는 접두사를 '수-'로 통일한다고 나와 있습니다. 접두사는 단어 앞에 붙어 새로운 단어를 만들어 주는데요. 사과 앞에 접두사 '풋-'이 붙어 만들어진 '풋사과'에서 잘 살펴볼 수 있어요.

이 규칙에 따라 접두사 '수-'와 소가 더해져 이루어진 '수소'가 표준어랍니다. 수소 이외에도 여러 보기를 찾아볼 수 있어요. '수꿩/수은행나무/수개미/수거미'를 생각해 볼 수 있답니다. 그런데 수와 관련한 예외가 있답니다. 대체 어떤 말들일까요?

수캉아지, 수캐, 수컷, 수탉, 수탕나귀

이 말들에는 모두 'ㅎ'이 들어 있다는 공통점이 있어요. 이 'ㅎ' 때문에 맞춤법을 쓸 때도 저렇게 *거센소리로 쓰지요. 활용 예를 소개하면 이렇습니다.

*거센소리
소리에 숨이 섞여 거칠게 나
는 소리. 'ㅋ/ㅌ/ㅍ/ㅊ'이 거센
소리랍니다.

수'ㅎ' + 강아지 = 'ㅎ'+ 강 ─캉 = 수캉아지
수'ㅎ' + 병아리 = 'ㅎ'+ 병 ─평 = 수평아리

단어들이 가진 'ㅎ'은 오늘날 흔적만 남아, 발음에서 거센소리로 나요. 이런 단어들은 발음 나는 대로 적는 것이 표준어라는 규칙에 따라 소리 나는 대로 적어야 한답니다. 접두사 '암-'이 더해질 때도 표준어로 인정하는데 '암캐/암컷/암캉아지'가 그런 예예요. 이런 말이 어색하다고요? 물론이지요. 우리가 평소에 자주 쓰는 말이 아니니까요.

표준어(○)	표준어가 아닌 말(×)
수캉아지	숫강아지
수캐	숫개
수컷	숫것
수탉	숫닭
수탕나귀	숫당나귀
수퇘지	숫돼지
수평아리	숫병아리
수키와	숫기와
수톨쩌귀	숫돌쩌귀

접두사 '수-'에는 또 다른 예외도 있어요. 지금 소개하는 3가지 말은 수 대신 '숫'이라고 붙인답니다. '숫양/숫염소/숫쥐'는 외워 두면 헷갈리지 않겠지요? 그 외에는 모두 접두사 '수-'라고 통일하니 기억해 두세요.

표준어(O)	표준어가 아닌 말(X)
숫양	수양
숫염소	수염소
숫쥐	수쥐

'깡충깡충'이 맞을까, '깡총깡총'이 맞을까?

우 리 말 마 당

?

● 진짜진짜
아리송하네?

점심시간, 수정이네 담임 선생님은 반 친구들에게 동요를 틀어 주신대. 오늘은 아주아주 유명한 〈산토끼〉 동요가 흘러나오지 뭐야? 수정이는 자리에 앉아 동요를 잘 듣고 공책에 가사를 적어 두기 시작했어. 합창 단원을 뽑는 노래 시험이 〈산토끼〉였거든! 점심시간 뒤 음악 시간에 차례가 와서 수정이가 노래를 부르러 간 사이 짝꿍 호진이는 수정이가 가사를 적은 공책을 보고 이렇게 적었지 뭐야?

깡총깡총

산토끼 토끼야 어디를 가느냐
깡총깡총 뛰면서 어디를 가느냐
산고개 고개를 나 혼자 넘어서
토실토실 알밤을 주워 올 테야

'깡총깡총',
이래서 틀린대!

■ 표준어가 바뀌다 보니 예전 표준어와 지금 표준어를 헷갈리는 건 아닐까.

■ 발음은 된소리로 하고 쓸 때는 소리 나는 대로 쓰기 때문은 아니니?

수정이 짝꿍 호진이는 적은 가사에서 틀린 곳이 있다고 생각했나 봐. 정말 수정이가 쓴 '깡총깡총'은 틀린 말일까? 친구들은 어떻게 생각해?

*양성 모음이 *음성 모음으로 바뀌어 굳어진 경우 음성 모음 형태를 표준어로 삼는다.

*양성 모음
'ㅏ/ㅗ/ㅑ/ㅛ/ㅘ/ㅚ/ㅐ'끼리 사용
보기 깡총깡총
*음성 모음
'ㅓ/ㅜ/ㅕ/ㅠ/ㅔ/ㅝ/ㅟ/ㅞ'끼리
사용
보기 껑충껑충

　예전에는 짧은 다리로 힘 있게 뛰어오르는 모습을 '깡총깡총'으로 썼지만, 지금은 '깡충깡충'이 표준어랍니다. 왜 이렇게 바뀌었는지는 표준어 규칙 양성 모음과 음성 모음을 살펴보면 알 수 있어요.

　국어에는 양성 모음은 양성 모음끼리, 음성 모음은 음성 모음끼리 어울리는 모음 조화 현상이 있어요. 양성 모음은 'ㅏ/ㅗ/ㅑ/ㅛ/ㅘ/ㅚ/ㅐ', 음성 모음은 'ㅓ/ㅜ/ㅕ/ㅠ/ㅔ/ㅝ/ㅟ/ㅞ'를 말해요.

　이 규칙에 따르면 '깡총깡총'은 'ㅏ/ㅗ'의 양성 모음끼리 어울려 모음 조화를 지킨 경우인데 대체 왜 표준어가 아닐까요? 여기에 언어의 신비함이 있어요. 언어는 사람들이 더 편한 말을 얼마나 자주 쓰느냐에 따라 표준어가 되기도 한답니다. 사람들은 '깡총깡총'보다 '깡충깡충'이 말하기에 더 편했는지 '깡충깡충'을 더 많이 썼어요. 그래서 '깡충깡충'이 표준어로 인정받았지요. '깡충깡충'은 토끼가 작게 뛰는 모습을, '껑충껑충'은 토끼가 크게 뛰는 모습을 말해요.

　1988년, 새로운 표준어 규정이 생기면서 쌍동이 대신 '쌍둥이'가 표준어가 된 예도 '깡충깡충'과 비슷한 경우라고 볼 수 있어요. 사람들이 자주 써서 표준어로 인정받은 말들은 아래와 같답니다.

오뚝이, 막둥이, 바람둥이, 흰둥이

? 진짜진짜
아리송하네?

국어 시간에 선생님은 반 친구들과 내기했대. 선생님이 낸 10문제를 많이 맞히면 반 전체에 피자를 사 주시겠다고 말이야! 다섯 번째 문제까지 맞히며 내기는 순조로웠는데 선생님께서 갑자기 어렵게 문제를 내시지 뭐야?

"봄에 햇볕이 강하게 비출 때 아른아른 보이는 거야. 뭘까?"

수정이는 손부터 들고 칠판으로 나가 답을 썼대!

아지랭이

'아지랑이',
이래서 틀린대!

■ 개구쟁이, 욕심쟁이처럼 '–쟁이'에 익숙해져서 '아지랭이'로 말하지는 않니?

정답은 땡! 이번에도 또 맞춤법 때문에 틀렸어! 표준어로는 '아지랑이'라고 써야 정답이란다. 대체 왜 그런지 함께 살펴볼까?

폭염주의보 내린 12일, '달궈진 아스팔트 위에 피어오르는 아지랑이'

이 모음 *역행 동화 현상에 의한 발음은 원칙적으로 표준 발음으로 인정하지 않는다.

*역행 동화
어떤 음운이 뒤에 오는 음운에게 영향을 받아서 비슷하거나 같게 소리 나는 현상

'아지랑이'는 원래 '어지러움'에서 유래했어요. 아지랑이가 피어오를 때 사물이 흔들리며 보이잖아요? 그래서 어지럼의 작은 말 '아지람'에 '－이'가 붙어서 '아지람이'라고 했다가 발음을 부드럽게 하려고 '아지랑이'가 되었다고 해요.

아지람 + －이 = 아지람이 → 아지랑이

이 모음 역행 동화는 뒤의 이 모음이나 이 모음을 갖는 '야/여/요/유'와 같은 이중 모음의 영향을 받아 앞의 '아/어/오/우'가 각각 '애/에/외/위'로 바뀌는 현상이에요. 다음에서 자세히 살펴볼까요?

곰팡이, 다리미, 아기, 지푸라기
↓   ↓   ↓   ↓
곰팽이, 대래미, 애기, 지푸래기

그런데 이 모음 역행 동화는 대체로 표준어로 인정하지 않아요. 이 모음 역행 동화가 일어난 말은 '방언'으로 보고 있거든요. 원칙적으로 의미가 없어서 표준어로 인정하지 않는답니다. 이 규칙에 따라 '아지랭이'는 표준어로 인정받지 못했어요.

'아지랑이'는 사전에서 '아지랭이'로 고쳐져 교과서에 쓰이면서 표준어 행세를 했어요. 기억해야 할 점은 지금 우리가 사용하는 표준어는 '아지랑이'라는 사실이에요.

06 '개구쟁이'가 맞을까, '개구장이'가 맞을까?

우 리 말 마 당

?
● 진짜진짜
아리송하네?

　　주말을 맞아 수정이는 집에서 가족과 함께 대청소를 했어. 수정이와 동생은 각자 방을 쓸고 닦으면서 정리하는 일을 맡았대. 쓸고 닦기 전에 먼저 쓸데없는 책들을 버리고 정리하기로 했어. 그러다가 예전에 쓰던 일기장을 발견했지 뭐야? 읽어 보니 글씨도 비뚤비뚤하고 맞춤법도 틀린 곳이 많았대. 수정이 일기에서 이상한 부분을 한번 찾아볼까?

2014년 ○○월 ○○일 맑음

　제목 : 내 동생은 개구장이

　내 동생은 사고만 치고 다니는 개구장이이다. 내가 그림 그리고 있으면 낙서를 해 버리고 찢어 버린다. 엄마가 빨래를 널고 있으면 널어놓은 빨래를 다 걷어 버린다. 아빠가 자고 있으면 아빠 코를 물어 버리는 사고뭉치이다. 이러니깐 내가 개구장이라고 할 수밖에 없다.

'개구쟁이',
이래서 틀린대!

■ 접미사 '-쟁이'와 '-장이'의 쓰임새를 잘 이해하지 못했지?

■ 개구쟁이와 개구장이를 한 단어로 생각하는 거야.

　　사고만 치는 동생을 '개구장이'라고 써 놨네? 이번에는 '-쟁이'와 '-장이'를 잘 구별하지 못해 잘못 쓴 경우 같네. 친구들은 '-쟁이'와 '-장이'가 어떻게 다른지 알고 있니?

기술자에게는 '–장이', 그 외는 '–쟁이'가
붙는 형태를 사용한다.

'개구쟁이'
들여다보기

원래 접미사 '–장이'는 논란이 많았던 부분이었답니다. 사람들이 '–장이'와 '–쟁이'를 뒤섞어서 쓰니 어떨 때 '–장이'를, 어떨 때 '–쟁이'를 쓰는지 정리가 필요했어요. 그래서 기술자에게는 '–장이'로 쓰고 그 외에는 '–쟁이'로 하기로 했답니다.

'–장이'는 '–을 다루는 기술을 가진 사람'이란 뜻으로 '간판장이/땜장이/옹기장이'로 쓰인답니다.

- 우리 삼촌의 직업은 간판장이예요. → 간판을 만드는 기술자를 나타내니까!

이와 달리 '–쟁이'는 그런 성질이 있거나 그런 성질이 많은 사람을 나타내요. '겁쟁이/고집쟁이/떼쟁이/멋쟁이'처럼 사용해요. '–을 다루는 전문 기술을 가진 사람'이 아니라서 '개구장이'가 아닌 '개구쟁이'로 써야 하지요.

- 놀부는 심보가 고약한 욕심쟁이입니다. → 욕심이 많은 특징을 나타내네?
- 내 동생은 떼쟁이입니다. → 떼를 쓰는 성질이 있네?

'웃옷'이 맞을까, '윗옷'이 맞을까?

?

● 진짜진짜
아리송하네?

오늘 수정이는 친구들과 함께 놀기로 했어. 기분 좋게 약속 장소로 가려고 옷을 찾아 입는데 입으려던 옷이 안 보이지 뭐야? 옷장을 뒤져 봐도, 세탁기에서 찾아봐도 찾는 옷은 없었어. 결국, 약속에 늦을 수 없어서 다른 옷을 입고 나가는데 엄마에게 불만처럼 이런 메모를 남겼대!

엄마,
제가 좋아하는 노란색 윗옷
어디 있어요?
외출할 때 겉에 입으려고 했는데
아무리 찾아봐도
윗옷이 안 보이더라고요.
제가 그 옷 아끼니까
잘 보관해 달라고 부탁드렸는데.

**'웃옷'과 '윗옷',
이래서 틀린대!**

■ '웃옷'과 '윗옷'은 다른 말이라
고 생각해 본 적 있나?

■ '웃-'과 '윗-'은 의미가 다른데
습관처럼 편한 '윗'을 구별 없
이 쓰지는 않았나?

수정이가 쓴 '윗옷'은 문장이나 의미에 따라 맞기도 하고 틀리기도 해.

외투처럼 겉에 걸치는 옷은 '웃옷', 위에 입는 옷은 '윗옷'이라고 하거든. 수정이는 외출하는 거니까 겉에 걸치는 웃옷을 찾았나 보네? 그런데 윗옷이라고 틀리게 쓰고 있지? 지금부터 '웃옷'과 '윗옷' 이 두 말을 친구들이 잘 구별해서 쓸 수 있도록 쉽게 설명해 줄게.

위/아래 대립이 있을 때는 '윗'과 '위'를 쓴다.

그동안 '윗'과 '웃'은 헷갈리는 표준어 가운데 하나였어요. 물론 지금도 이 말을 헷갈리는 친구들과 어른들도 많아요. 윗과 웃을 구별하는 가장 쉬운 방법은 위와 아래 대립이 있는지를 살펴보는 거예요. 위와 아래 구분이 있다면 '윗'이나 '위'를 쓴답니다.

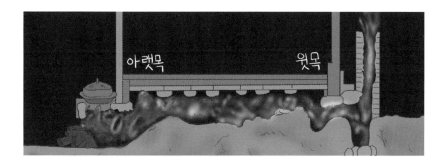

구별 방법에는 예외도 있습니다. 웃옷과 윗옷인데요. 웃옷과 윗옷의 경우 둘다 쓸 수 있기 때문이에요. 앞서 이야기했지만 '웃옷'은 겉에 입는 옷을 말한답니다. '윗옷'은 위에 입는 옷이란 뜻으로 아래옷과 반대되는 말이지요.

- 날씨가 추워서 웃옷을 걸쳐 입었다.
  → 추워서 겉에 입는 옷을 입다!

- 여행을 떠나기 위해 윗옷 두 벌과 아래옷 두 벌을 준비했다.
  → 위에 입는 옷!

'위'라는 뜻은 한자 상(上)을 가리키는 말이에요. 옛날에는 상을 가리키는 말이 '우'였다고 해요. 세월이 흘러 '우'가 '위'로 바뀌었지요. 우를 뜻하던 말이 상의 의미를 잃어버리며 다른 뜻을 지니게 된 단어들이 있었어요. 바로 '웃돈/웃어른/웃통/웃옷'이에요. 이 말들은 발음이 '웃'으로 굳어진 예랍니다.

- 구하기 힘든 옷이라 웃돈을 주고 주문했다.
- 우리나라는 웃어른을 잘 공경한다.
- 아이들은 웃통을 벗은 채 계곡물에 뛰어들었다.

08 '찌개'가 맞을까, '찌게'가 맞을까?

우 리 말 마 당

?

● 진짜진짜
아리송하네?

수정이는 가족과 함께 식당에 갔다가 동생과 크게 싸웠다지 뭐야? 식당에서 무엇을 먹을지 메뉴판을 보며 고민하다가 벌어진 말다툼이래.

서로 먹고 싶은 것을 시켜 달라고 싸운 게 아니었어. 메뉴판에 있는 맞춤법으로 말다툼했는데 무엇 때문인지 살짝 들여다보자.

2018년 ○○월 ○○일 날씨 맑음

제목 : 식당에서의 싸움

오늘 가족과 식당에 갔다. 메뉴판에 여러 음식이 있었다. 그 가운데에서 동생이 찌게라고 볼펜으로 쓰는 게 보였다. 동생에게 틀리게 쓰지 말라고 했다가 그만 말다툼을 하고 말았다. 찌개가 맞는데 동생은 계속 찌게라고 했다. 엄마 아빠는 누나가 잘 가르쳐 줘야 한다며 나만 혼냈다. 하아, 어떻게 다시 알려 주지?

'찌개'
이래서 틀린대!

■ 모음 '애'와 '에'는 발음이 똑같이 나서 헷갈리는 거야.

수정이는 '찌개'라고 정확히 알고 있었네? 이 '찌개'를 '찌게'라고 잘못 알고 있는 친구들이 많았을 거야. 지금부터 왜 '찌개'가 맞는지 함께 살펴볼까?

'찌개'
들여다보기

*어원에서 멀어진 형태로 널리 쓰이는 것을
표준어로 삼는다.

찌개는 '고기나 채소를 쪄서 다시 끓인 반찬'을 뜻해요. 옛말이 여러 번 바뀌어 오늘날의 '찌개'가 되었답니다. 그 과정을 한번 볼까요?

디히 + 개 → 디이 + 개 → 지이 + 개 → 지 + 개

'찌개'와 비슷한 지개의 '지'는 된소리로 바뀌어 '찌개'가 되었답니다. 본래 '디히'는 옛날에 '김치'를 뜻했어요. 뒤에 오는 '-개'가 명사와 더해지면 '무엇의 재료'라는 뜻을 지닌답니다. '찌개'를 뜻풀이하면 '김치로 만든 것' 정도이겠지요?

'애/에' 발음도 분명하지 않아 표기에도 어려움이 있으니 주의해야 한답니다.
예전에는 베개/베게와 집개/집게가 같이 쓰다가 오늘날에는 베개, 집게가 자주 쓰여 표준어가 되었어요. 친구들도 알다시피 요즘에는 '-개'만 주로 쓰이고 '-게'는 소수의 말에서만 쓰이고 있지요? '-개'와 '-게'를 구별할 때는 '지게/집게/*뜯게질/무게'에만 '-게'로 쓰이고 나머지는 모두 '-개'로 쓴답니다. 그래서 '찌개/지우개/깔개/뜨개질/베개/병따개'로 쓰이고 있어요.

모음 '애'와 '에'의 표기법을 헷갈리는 말로는 '돌멩이'도 있어요.
돌덩이보다 작은 돌을 '돌멩이'라고 부르지요? 이때 '멩이'는 '망아지'의 '아지'처럼 원래 뜻보다 더 작은 개념을 나타내요. 비슷한 예로 '금세'를 살펴볼 수 있어요. '금시에'가 줄어들어 '금세'로, '요사이'가 줄어들어 '요새', '밤사이'가 줄어들어 '밤새'가 되었지요.

*뜯게질
낡아서 입지 못하는 옷이나
빨래할 옷의 솔기를 뜯는 일

'왠지'가 맞을까, '웬지'가 맞을까?

● 진짜진짜
아리송하네?

학교에서 수정이는 황당한 일을 겪었어. 무슨 일이 있었는지 한번 사연을 들어볼래? 사건은 수정이와 같은 반 친구인 시은이 사이에서 주고받았던 문자에서 볼 수 있어!

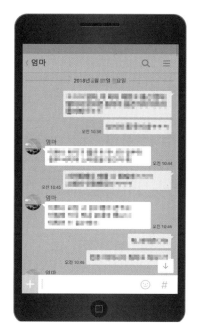

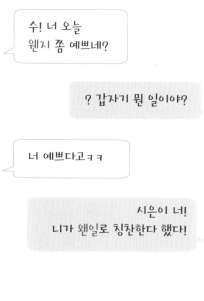

수! 너 오늘 웬지 쫌 예쁘네?

? 갑자기 뭔 일이야?

너 예쁘다고ㅋㅋ

시은이 너! 니가 왠일로 칭찬한다 했다!

'왠지'와 '웬지', 이래서 틀린대!

■ 왜 + ─이 + ㄴ지 = 왠지

■ 표기는 다르지만, '왜'와 '웨'의 발음이 같아서 헷갈릴 거야.

평소에 시은이는 수정이한테 칭찬을 하는 친구가 아니었나 봐. 눈앞에서 수정이 아이스크림을 낚아채 사라진 시은이 번호로 수정이도 문자를 보냈네? 홀랑 아이스크림을 뺏겨서 화나기도 했지만 수정이랑 시은이 모두 맞춤법 공부부터 해야겠네. 두 친구 모두 '왠지'와 '웬일'을 헷갈리고 있거든!

김구는 그 두 글자를 쓰려니 왠지 모를 슬픔이 밀려와 엉엉 울었습니다. 그러다 꿈에서 깼지요. 베개가 눈물로 젖어 있었습니다. 김구는 잠자리에서 일어나 아버지가 있는 고향으로 서둘러 갔습니다.

'왠지'와 '웬지'를 정확하게 알려면 무슨 말이 어떻게 줄어든 말인지부터 알아야 합니다.

'왠지'는 '왜인지'의 줄어든 말이에요. 더 자세하게 살펴볼까요? 먼저 '왜'는 영어 Why의 의미, '-ㄴ지'는 막연한 의문을 뜻한답니다. 이렇게 더해진 말에서 "왜 그런지 모르게."라는 뜻이 나오지요.

단어가 처음 만들어졌을 때는 각각 의미가 합쳐져서 만들어졌다는 사실을 알고 있지요? 그런데 시간이 지나면서 각 뜻은 잊히고 하나의 단어로 점점 굳어진답니다. 그렇다면 '왠지'는 왜 '웬지'로 쓸 수 없을까요? '웬'에는 '왜'의 뜻이 없기 때문이에요.

'웬'에는 '어찌 된/어떠한/어떤'의 뜻이 있어요. 덕분에 항상 그 뒤에 꾸며 주는 말이 있어야 하지요.

- **웬**일이니? → 일을 꾸며 **'어떤 일'**인지를 나타내네?
- **웬 사람**이니? → 사람을 꾸며 **'어떤 사람'**인지를 나타내네?

이처럼 '웬일'도 많이 쓰다 보니 굳어져서 '웬일'이라는 단어가 생겨났어요. 이 단어도 '웬'에서 왔으니 '왠일'로 쓸 수 없겠지요.

왜의 의미가 있으면 '왠', 왜의 의미가 없으면 '웬'으로 쓰면 되겠지요? '어째서인지'로 바꿀 수 있는 말은 '왠지'를, '어떤'으로 바꿀 수 있는 말은 '웬'을 쓰면 된답니다.

- 그 이야기를 듣자 (어째서인지) 불길했다.
  왠지
- 이렇게 일찍 일어나다니 (어떤) 일이야?
  웬

'곱빼기'가 맞을까, '곱배기'가 맞을까?

● 진짜진짜
아리송하네?

오늘 수정이는 친구들과 놀이터에서 놀다 집에 돌아왔어. 신나게 뛰어놀았던 탓인지 배에서 계속 꼬르륵 소리가 나지 않겠어? 집에는 아빠만 계셨어. 아빠는 수정이에게 중국집에서 짜장면을 시켜 먹자고 말씀하셨대. 짜장면을 좋아한 수정이는 많이 먹고 싶어서 씻으러 가기 전에 아빠에게 이렇게 메모를 남겼어.

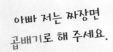

아빠 저는 짜장면
곱배기로 해 주세요.

짜장면 곱배기? 아하, '곱빼기'를 말하고 싶었구나? 수정이뿐만이 아니라 친구들도 '곱배기'라고 잘못 알고 있었지? 지금부터 왜 '곱빼기'가 표준어인지 함께 살펴보도록 할까?

'곱빼기',
이래서 틀린대!

■ 곱 + -빼기 = 곱빼기

■ 원래 양보다 "배로 많다."라는 느낌 때문에 곱배기로 오해하곤 해.

■ 배기와 빼기를 쓰는 말이 참 많아서 헷갈릴지도 몰라.

'곱빼기'는 두 그릇의 양을 한 그릇에 담은 분량을 나타낼 때 또는 어떤 일을 계속해서 두 번 거듭하는 것을 나타낼 때 쓰이는 말이에요. 처음에는 '곱박이'로 쓰이다가 '곱배기'로, 다시 오늘날 '곱빼기'로 바뀌었어요.

'곱'과 '-빼기' 형태로 이루어진 '곱빼기'에서 '-빼기'가 대체 어떤 말인지 궁금했지요? 몇몇 명사 뒤에 붙어 '그런 특성이 있는 사람이나 물건'을 뜻하는 접미사랍니다. 곱빼기를 헷갈리지 않으려면 접미사 '-빼기'와 '-배기'를 정확하게 알아둬야 해요.

먼저 '배기'로 적을 때는 다음 세 가지예요.

- 그 아이는 이제 네 살배기예요.
    → 네 살 나이를 먹은 아이를 뜻해.

- 이건 진짜배기 참기름입니다.
    → '진짜'라는 뜻이 강조된 그러한 물건을 뜻해.

- 맛있는 된장찌개가 뚝배기에 나왔다.
    → ㄱ 받침 뒤에 배기가 붙었지?

이를 뺀 나머지는 모두 '빼기'로 적는답니다.

- 전에 밥을 잘 안 먹던 내 친구는 갑자기 밥빼기가 되었다.
    → 밥을 많이 먹는 아이를 말해.

- 이웃집 여자아이는 악착빼기이다.
    → 악착스러운 사람을 낮잡아 이르는 말이래.

- 고들빼기 김치로 오늘 배부르게 밥을 먹었다.
  → 식물 이름에도 쓰여!

'설렘'이 맞을까, '설레임'이 맞을까?

우 리 말 마 당

? 진짜진짜
아리송하네?

수정이네 학교에서는 경주로 현장 체험 학습을 간대. 오랜만의 소풍이라 수정이와 친구들은 마음이 들떴어. 버스와 기차를 타고 이동해서 문화재들도 보고 맛있는 것도 먹고 기억에 남을 만한 알찬 시간을 보냈지. 갔다 와서는 학교에 내는 보고서를 썼는데 살짝 들여다볼까?

현장 체험 학습 보고서	
국민초등학교 ○학년 ○반 이름 한수정	
체험 학습 기간 및 장소	2018년 □월□일~□월□일까지 경주에서
체험 학습 영역	고적 답사
학습 주제	경주의 풍습과 특성 및 지역 탐사
체험 활동 내용 및 느낀 점	

오랜만에 가는 학교 나들이다. 장소는 신라가 있었던 경주라고 했다.
떠나기 전에 설레임 때문에 늦게 잤는데 하나도 피곤하지 않았다.
불국사, 첨성대, 천마총 등, 교과서에서만 보던 문화재가 정말 많았다!
그리고 선생님이 사 주신 경주빵도 맛있었다!
……

수정이 체험 학습 보고서에서 '설레임'이라는 말이 보이니? 어른들도 그렇지만 친구들도 헷갈리는 말이 저 '설레임'이란다. 이 말을 정확하게 쓰려면 '설렘'이라고 써야 해. 지금부터 왜 '설렘'이 표준어인지 함께 살펴볼까?

'설렘',
이래서 틀린대!

- 사람들이 '설레임'이라고 자주 써서 습관이 된 거야.
- '설레임'이라는 아이스크림을 많이 보다 보니 친구들 기억에 자리 잡혀 버린 거야.

'설렘'
들여다보기

마음이 가라앉지 않고 들떠서 두근거릴 때 '설레다'라는 표현을 쓰지요? '설레다'의 명사를 '설레임'으로 쓰는데 이는 잘못된 표기랍니다. '설레임'은 '설레이다'의 명사로 볼 수 있지만, '설레이다'라는 말은 지금 맞춤법에서 표준어로 인정하지 않아요.

옛날에는 '설레이다'도 썼을 수 있어요. 하지만 발음이 비슷한 말 여럿이 의미 차이가 없이 쓰이면 가장 널리 쓰이는 말만을 표준어로 삼기로 했어요. 또 복수 표준어로 인정하면 오히려 혼란스러울 수 있어서 '설레이다' 대신 '설레다'를 표준어로 삼았답니다.

- 너무 설레는 바람에 잠을 못 잤다.
- 님을 받아 설레도록 기뻤다.
- 친구를 만날 때 설렘이 떠올랐다.

'설레다'의 명사가 '설렘'인 이유는 무엇일까요? '설레다'의 어간 '설레-'에 명사를 만들어 주는 어미 '-ㅁ'이 붙었기 때문이에요.

'설렘'과 비슷하게 헷갈리는 말 하나가 '바람'이에요. 기원을 뜻하는 '바라다'와 헷갈려 '바래다'가 더 많이 쓰이지만, 기본형 '바라다'가 바뀐 '바람'으로 써야 합니다. 문법으로는 옳은 표현이지만, 말하는 느낌이 이상해서 흔히 '바램'이라고 잘못 쓰고 있어요.

- 올해 나의 바람은 시험을 잘 보는 것이다.
- 부모님의 한결같은 바람은 자식들이 잘되는 것이다.

'예부터'가 맞을까, '옛부터'가 맞을까?

?
● 진짜진짜
아리송하네?

　　방학 때면 수정이는 할머니 댁에 놀러 간대. 할머니는 "아주 옛날에 호랑이 담배 먹던 시절에." 하며 옛날이야기를 자주 들려주시곤 해. 수정이는 동화책으로 직접 읽기보다 할머니께서 호랑이 시늉을 하면서 들려주시는 이야기가 훨씬 재미있나 봐. 서울로 돌아올 때쯤, 수정이는 할머니께 감사 편지를 썼어. 뭐라고 썼는지 한번 볼까?

할머니, 저희 가족은 집으로 잘 돌아왔어요.
갈 때마다 재미난 이야기를 해 주셔서
고맙습니다.
그런데 할머니, 옛부터 우리나라에는
호랑이가 많았어요?
궁금해서 여쭈어 봅니다.

그럼 안녕히 계세요.
　　　　　　　　　서울에서 수정이 올림

'예부터',
이래서 틀린대!

■ '옛날이야기'의 '옛'에 익숙해
　져서 그렇지는 않을까?

■ '옛부터'라고 힘주어 발음하는
　습관 때문은 아닐까?

■ '예부터'가 어떻게 이루어진
　말인지 알면 헷갈리지 않을
　수 있어.

　　수정이 편지에서 무엇을 잘못 썼는지 알아챈 친구는 많지 않을 거야. '옛부터'는 누구나 많이 틀리는 맞춤법이거든! 흔히 '옛부터'라고 많이 써서 왜 틀린 맞춤법인지 아리송하겠지만, 그 이유를 하나하나 살펴볼게.

'예부터'와 '옛부터' 가운데 표준어는 '예부터'랍니다. 대체 왜 '예부터'가 맞는 맞춤법일까요?

'예부터'의 '예'는 품사가 명사예요. 주로 '예로부터/예스러운' 등으로 쓰이며 '아주 먼 과거'를 뜻하지요. 이와 달리 '옛'은 관형사랍니다. 이 관형사는 체언과 같은 다른 말을 꾸며 준다는 특징이 있어요. 관형사는 조사와 붙지 않는답니다. 뒤에 붙는 '-부터'는 조사이기 때문에 명사인 '예'와 더해져 '예부터'가 되었지요.

- 예 + 부터 = 예부터 → 명사 '예'가 조사 '부터'와 더해졌어!
- 옛 + 추억 = 옛 추억 → 추억을 꾸미는 관형사 옛!

명사 '예'는 다음처럼 다양하게 쓰이고 있어요.

- 예나 지금이나 다름없이 구수한 손맛 → 명사 '예'+ 조사 '나'
- 예부터 이어져 온 당찬 자부심 → 명사 '예'+ 조사 '부터'
- 예스러운 멋이 있는 우리나라 한복 → 명사 '예'+ 접미사 '-스러운'

관형사 '옛'은 명사를 꾸미거나 뒤에 있는 명사와 더해져 새로운 말을 이루기도 해요. 다음 보기를 보세요.

- 옛 기억, 옛 친구, 옛 노래, 옛 맛 등 → 앞에서 명사를 꾸미네!
- 옛말, 옛일, 옛적, 옛날, 옛정, 옛집 등 → 뒤의 명사와 더해져 새로운 말을!

명사 '예'가 조사 '부터'와 더해져 '예부터'가 표준어라는 사실을 잘 알았지요? '-부터' 말고도 '-스럽다'도 명사와 더해진다는 점을 기억한다면 '옛부터/옛스러운'이라고 틀리게 쓰지 않겠지요?

01 괄호에 들어갈 올바른 맞춤법을 이어 보세요.

화단에 (   )이 피어 있다. •   • 부엌

삶은 (   )라고도 부른다. •   • 수개미

새벽(   )에 일어나서 운동했다. •   • 나팔꽃

엄마는 (   )에서 요리를 하신다. •   • 수소

작년 봄에 (   )을 심었다. •   • 녘

풀을 뜯고 있는 (   )를 보았다. •   • 강낭콩

(   )는 암캐미보다 크기가 작다. •   • 살쾡이

02 다음에서 올바른 맞춤법을 고르세요.

- (숫양, 수양)은 한가롭게 쉬고 있다.
- 저 쥐는 (숫쥐, 수쥐)일까? 암쥐일까?
- (수강아지, 수캉아지)가 꼬리를 흔들고 있다.
- 토끼가 (깡총깡총, 깡충깡충) 뛰어갑니다.
- 넘어져도 (오똑이 오뚝이)는 다시 잘 일어섭니다.
- 우리 집에 있는 강아지는 (흰둥이, 흰동이)이다.
- 나는 우리 집에서 (막둥이, 막동이)이다.

03 길잡이에서 올바른 글자를 골라 빈칸을 채워 보세요.

> **보기**
>
> 우리 집에서 내가 [막]내이다.

- 내가 볼 때 우리 삼촌은 바람[ ][ ] 같다.
- 나는 얼마 전에 아지[ ][ ]를 보았어.
- 우리 엄마는 내 옷을 [ ][ ]미로 잘 다려 주셔.

- 식빵에 곰☐☐가 생겼어.
- 들판에 지푸☐☐가 엄청 많다.
- 잠자는 ☐기의 모습은 귀엽다.
- 내 동생은 개구☐☐이다.
- 갓을 만드는 사람을 갓☐☐라고 부른다.
- 대학생인 우리 누나는 멋☐☐이다.

길잡이

라기, 팡이, 아, 쟁이, 다리, 랑이, 둥이, 장이

04 밑줄 친 말을 고쳐 쓰세요.

보기

우리 집에서 내가 <u>망내</u>이다.
→　　　　　　　막내

- 유기를 만드는 사람을 <u>유기쟁이</u>라고 한다.

→

- 집 만드는 데 필요한 직업은 <u>미쟁이</u>이다.

→

- 온돌은 아랫목보다 <u>웃목</u>이 춥다.

→

- <u>윗어른</u>에게는 예의 바르게 행동해야 한다.

→

- 나는 <u>김치찌게</u>를 제일 좋아한다.

→

- 운동장에는 <u>돌맹이</u>가 많다.

→

- 침대에 두었던 <u>베게</u>가 어디 갔지?

→

- <u>요세</u> 책을 많이 읽고 있는 모습이 보인다.

→

05 맞춤법이 맞는 문장에 ○, 틀린 문장에 ×를 표시하시오.

> **보기**
>
> 우리 집에서 내가 망내이다. (×)

- 엄마가 맛있게 육게장을 끓여 뒀다. (　　)
- 배가 고파서 짜장면 곱배기로 시켰다. (　　)
- 내 동생은 이제 두 살배기이다. (　　)
- 된장찌개가 뚝배기에서 맛있게 끓고 있다. (　　)
- 할머니께서 고들배기를 만들어 주셨다. (　　)
- 공짜를 속되게 이르는 말은 공짜빼기이다. (　　)
- 새 학기 첫날 설렘에 잠을 자지 못했다. (　　)
- 나의 바램은 부모님 건강이다. (　　)
- 친구의 성격은 예나 지금이나 조금도 달라지지 않았다. (　　)

06 다음에서 틀리지 않은 문장을 모두 고르세요.

① 집 앞에는 창고가 아직 예 모습 그대로 있다.
② 궁궐의 옛스러운 모습에 감탄했다.
③ 어머니는 광우리에 참외를 담아 시장에 나가셨다.
④ 할아버지는 보릿짚모자를 쓰고 논을 둘러보러 가셨다.
⑤ 이 거문고는 오동나무로 만들었어.
⑥ 밤에 무서운 꿈을 꾸고 식은땀이 났다.
⑦ 뻐꾸기 소리를 들으면 달콤한 자두 향이 코에서 난다.

6

'한자어'를 알면 틀리지 않는대!

아주 먼 옛날, 인류는 '말'만 했어요. 그러다가 문명을 일으키고 글자를 만들면서 문자 생활을 했지요. 우리나라는 중국에서 만든 한자를 받아들여 썼다고 해요.

신라 시대에는 한자의 소리와 뜻을 빌려서 쓴 '향찰'로 노래를 기록했어요. 이것이 '향가'이지요. 그리고 먼 훗날 세종대왕이 한자와 전혀 다른 한글을 만들어 우리나라에도 고유 글자가 생겼답니다. 우리 한글은 거의 모든 소리를 글자로 나타낼 수 있어 한자로 된 말을 쉽게 적을 수 있었어요.

오랫동안 한자로 기록해 왔기 때문에 우리말에는 많은 한자어가 있어요. 하지만 일제 강점기 이후 들어온 일본식 한자어는 되도록 쓰지 말아야 해요. 생활 곳곳에 생각보다 많은 일본식 한자어가 남아 있어 깨끗한 우리말로 바꾸어 쓰자는 운동도 일어나고 있지요.

이번 장에서는 친구들이 올바른 한자어를 배울 수 있도록 하는 데 목적이 있답니다. 한자라고 너무 겁먹지 마세요! 우리가 생활에서 자주 쓰는 말도 상당히 많으니까요. 그럼 지금부터 하나하나 공부해 볼까요?

'희한하다'가 맞을까, '희안하다'가 맞을까?

우 리 말 마 당

? 진짜진짜
아리송하네?

학교 수업이 끝나고 집으로 돌아온 수정이는 이상한 일을 겪었어!

집에 와서 보니 책 한 권이 없는 거야! 더 이상한 건 수정이 짝꿍의 책이 가방에 들어 있지 않겠어? 그때 자기 책이 수정이 집에 있느냐고 짝꿍에게 전화가 왔어. 수정이 책은 그 짝꿍 집에 있다네? 알고 보니 수정이와 짝꿍은 책을 서로 바꿔 가져갔나 봐!

내 책은 어디로?

2018년 ○○월 ○○일, 날씨 흐림
제목 : 내 책이 어디로 갔지?

오늘 참 희안한 일이 있었다. 학교가 끝나고 가방을 챙겨 집으로 왔다. 가방을 확인하니 내 책 한 권이 없어지고 짝꿍 책이 들어 있었다. 나는 짝꿍 책을, 짝꿍은 내 책을 가져갔나 보다. 희안하다. 분명히 내 책을 챙겼는데 왜 짝꿍 책을 가져왔지?

'희한',
이래서 틀린대!

■ '희한'보다 '희안'이 더 발음하
기 쉬워서 습관이 들었지?

■ '희한'이 한자어라는 생각은
조금도 못 했지?

자, 수정이가 일기에서 쓴 '희안'이라는 말이 보이니? 흔히 '희안'이라고 쓰지만, 이는 잘못 쓴 맞춤법이란다. 정확하게는 '희한'이 맞는 맞춤법이지. 오늘은 '희한'이 왜 올바른 맞춤법인지부터 하나하나 살펴보도록 할게.

'희한'
들여다보기

무언가가 아주 드물거나 신기할 때 우리는 '희한'이라는 말을 씁니다. 그런데 이 말이 한자어란 사실을 친구들은 알고 있었나요?

드물 희(稀) + 드물 한(罕) + 하다 = 희한하다
→ 드물고 드물다!
ㅎ과 ㅎ이 만나니 발음이 어려워!

'희한하다'는 드물 희(稀)와 드물 한(罕)으로 이루어진 한자어입니다. '희/한'을 발음해 보면 'ㅎ'이 또 한 번 나와서 소리내기 참 힘들 거예요. [ㅎ] 발음은 쉽게 [ㅇ] 발음으로 하는 경우가 많아요. 사람들이 발음하기 쉽게 '희안'이나 '희얀'으로 바뀌어 전해졌지요. 쓸 때는 반드시 한자어 그대로 '희한'이라고 써야 한답니다. 따라서 드물 희(稀)와 드물 한(罕)이라는 한자로 이루어진 글자라는 사실을 기억해 두면 헷갈리지 않겠지요? 또 사전에서도 '희안'이라는 말은 전혀 다른 뜻을 가리킨답니다.

- 처음 본 희한한 과일이다.
- 그 친구와 관련해 희한한 소문이 돌았다.

'역할'이 맞을까, '역활'이 맞을까?

? 진짜진짜
아리송하네?

방학 전, 수정이네 반은 특별한 시간을 가졌어. 사회 시간에 수업을 마무리하는 의미에서 여러 가지 직업을 각각 맡아 상황극을 꾸며 보기로 한 거야. 어떤 친구는 시민, 어떤 친구는 시장, 어떤 친구는 경찰, 어떤 친구는 구급 대원을 맡아 상황극을 보여 줬어. 그런데 수정이는 같은 조 친구와 다투고 말았대. 선생님은 말다툼하던 친구와 수정이를 말리시다 둘 모두에게 반성문을 받으셨어. 대체 무슨 일로 싸웠는지 한번 볼까?

반 성 문

같은 반 친구와 싸우지 않겠습니다.
작은 역활을 맡았다고 심술부리지
않겠습니다.
맡은 역활이
무엇이든 열심히 하겠습니다.

'역할',
이래서 틀린대!

■ 맡은 역으로 활동한다고 생각해서 '역활'이라고 생각하지 않았니?

■ '역할'보다 '역활'이 발음하기 편해서 습관처럼 '역활'이라 쓰지 않았니?

아하, 수정이는 맡은 배역이 마음에 들지 않았던 모양이구나. 그런데 반성문에 쓴 '역활'은 '역할'로 고쳐 써야겠는걸? 대체 '역할'은 왜 이렇게 쓰는지 함께 살펴볼까?

'역할'
들여다보기

어떤 사람이 맡은 일 또는 해야 할 일을 흔히 '역할'이라고 해요. 이 '역할'이라는 말은 한자어이지만 생각보다 많은 친구가 '역활'이라고 쓴답니다.

마땅히 하여야 할 맡은 임무를 뜻하는 '역할'은 일을 뜻하는 역(役)과 자기 몫으로 맡은 할(割)이 더해져 이루어졌어요.

> 일의 역(役) + 몫으로 맡다 할(割) = 역할
> → 자기 몫으로 맡아 할 일

오늘날, 한자보다 한글을 더 자주 쓰면서 역할을 '자기가 맡은 활동'으로 생각하는 친구들이 많아요. 그 탓에 '역활'이라는 잘못된 표현이 나와 버렸답니다.

옛날에는 역활(力活)이라는 말도 쓰고 있었어요. 그때는 어떤 문제에 대해 사람이 할 수 있는 능력을 말했대요. 경남과 경북 그리고 충남과 충북 지역에서 이런 뜻으로 썼지만, 역할이 더 많은 사람에게 널리 쓰였답니다. 덕분에 '역할'만 표준어로 삼았지요.

- 우리 조에서는 역할 분담이 잘 이루어졌어.
- 동생은 연극에서 아버지 역할을 맡았다.
- 자기 역할에 충실한 사람이 성공한다.

역할은 표준어이긴 하지만, 일본식 한자에서 온 말이에요. 역할을 대신해서 쓸 좋은 우리말에는 '구실, 할 일' 등이 있으니 순우리말로 바꾸어 쓰는 습관도 좋지 않을까요?

'토의'가 맞을까, '토론'이 맞을까?

?
● 진짜진짜
아리송하네?

수정이 반에서는 사회 시간에 친구들끼리 한 주제로 다양한 의견을 나눈대. 그날도 주제 하나로 찬성과 반대 의견이 아주 치열하게 오갔나 봐. 이번 사회 시간에 수정이는 찬성자와 반대자가 아닌 사회자를 맡아 칠판에 주제를 썼어.

오늘의 토의 주제 :
심청이는 효녀일까?

찬성 의견   반대 의견

**'토론'과 '토의',
이래서 틀린대!**

■ 생활에서 '토의'와 '토론'을 구별 없이 쓰지는 않았니?

■ 똑같은 '토' 자가 들어가다 보니 같은 말이라 생각했지?

■ '논의한다'라는 공통 뜻이 있어서 헷갈릴 거야.

칠판을 보니 수정이는 맞게 쓴 것 같니? 그런데 찬성과 반대 의견으로 나뉘는 걸 보니 '토의'라는 말은 알맞은 표현이 아니야. 그렇다면 뭐라고 써야 할까? 오늘은 '토의'와 '토론' 이 두 말이 어떤 차이가 있는지, 언제 써야 하는지 살펴보도록 할게.

'토의'와 '토론' 들여다보기

수정이네 반에서 한 가지 주제를 두고 찬성과 반대 의견이 오갔다고 했지요? 이 상황에서 '토의'라는 말은 알맞은 표현이 아니랍니다. 왜 그럴까요?

'토의'는 의견이 모여 결과가 나온 '공통 주제'를 두고 함께 살펴보며 협의할 때 쓰는 말이에요. 이를테면 반대 없이 모두 찬성으로 나온 의견을 더 좋게 하려고 생각을 나누는 상황이지요.

*토의
칠 토(討) + 의논할 의(議)
= 토의(討議)

- 반 전체가 미화 당번 결정 문제를 토의했다.
  → '미화 당번'이라는 결과가 이미 나와 있어!
  → '미화 당번'을 어떻게 결정할지 모두가 함께 방법을 고민한대!
- 반장 선거를 언제 할지 함께 토의했다.
  → '반장 선거'라는 결과가 주제야!
  → 선거를 언제 할까 함께 고민한대!

'토론'은 어떤 문제를 두고 찬성과 반대처럼 각자 다른 주장을 내세워 상대방이 제 주장에 찬성하도록 하는 상황에 써요. '토론'에서는 주로 찬성과 반대 의견이 많이 나오고요. 내세운 자기주장에 상대방이 찬성하게 하는 데 그 목적이 있어요. 그렇다 보니 '토론'은 '토의'보다 상대방을 공격하는 느낌이 더 강하답니다.

*토론
칠 토(討) + 조리 륜(論)
= 토론(討論)

- 심청은 효녀일까를 두고 반은 토론했다.
  → 심청은 효녀이다, 효녀가 아니다 여러 생각이 있을 수 있겠지?
  → 효녀다, 효녀가 아니다라는 서로의 생각에 동의하게 하는 목적이 있어.

토의와 토론은 가장 좋은 결론을 얻으려고 대화한다는 점은 같아요. 다만 '토의'는 같은 주제를 두고 하는 '협동적인 의사소통'이에요. 이와 달리 '토론'은 내 생각에 동의하게 하는 목적이니 조금 더 '경쟁적인 의사소통'이랍니다. 이 두 말은 이야기 주제에 따라 달라질 수 있어요.

04 '보전'이 맞을까 '보존'이 맞을까?

우 리 말 마 당

? 진짜진짜
아리송하네?

　　주말에 가족과 함께 수정이는 문화재 현장 학습을 나갔어. 서울을 떠나 전라도로 향했는데 정말 다양한 문화재가 있지 뭐야? 교과서에서만 보던 여러 한옥과 성 그리고 맛있는 먹거리까지. 수정이는 이 모두를 보고 현장 학습 보고서를 이렇게 썼대!

우리 조상들의 자취가 남은 문화재가
참 신기했다. 크고 아름답고 무엇보다
오랜 시간이 지났는데도 모습이
바뀌지 않아 신기했다. 이래서
문화재 보전이 중요한가 보다.

'보전'과 '보존',
이래서 틀린대!

■ 무엇을 지킨다는 뜻이 두 말
　에 모두 있다 보니 구별이 힘
　든 거야.

■ '전'과 '존'의 차이를 알면 뜻
　을 파악할 수 있어.

　　보고서에 쓴 '보전'이란 말은 다시 생각해 봐야 해. 앞에 나온 문화재와 어울렸을 때 알맞은 표현이 아니거든! 조금 까다로울 수 있지만 '보전'과 '보존'이 어떻게 다른지 우리말 상식을 키워 볼까?

'보전'과 '보존'은 생활에서 가끔 쓰지만 참 까다로운 말이에요. 두 말 모두 무언가를 보호한다는 뜻을 담고 있어서 어떨 때 무슨 말을 써야 할지 아리송하거든요. 어른들도 알맞게 쓰기 어려워 해요.

'보존'은 한자, 보호할 보(保)와 온전할 전(全)으로 이루어져 있어요.

> 보호할 보(保) + 있을 존(存) = 보존
> → 이미 있는 것을 망가질 위험에서 지키다.

한자로 풀어 보니 그 뜻이 더 명확해지지요? '보존'은 어떤 모양이 있는 '사물'이나 수치화할 수 있는 것과 어울려 쓴답니다. 더는 망가지지 않게 그 모양 그대로 지킨다는 뜻이에요.

> • 문화재를 보존하려고 나라에서 노력하고 있다.
> → 모양이 있는 문화재를 지킨다는 뜻이네!

'보전'은 어떤 뜻이 있을까요? 아래 한자를 살펴보겠습니다.

> 지킬 보(保) + 온전할 전(全) = 보전
> → 앞으로도 온전하게 지키다.

'보전'은 '보존'과 달리 형태가 없는 것과 어울려 쓴답니다. 그래서 현재 상태를 오래도록 유지하게 한다는 뜻이 있어요.

> • 우리 고유의 전통문화를 보전한다.
> → 문화재와 달리 춤이나 예절 등을 아우르는 문화는 모양이 없지?

정리하면 '보존'은 주로 사물이나 물건 등 모양이 있는 것과 어울리고, '보전'은 생태계나 문화, 전통처럼 모양이 없는 것과 어울려 쓴답니다.

05 '개발'이 맞을까, '계발'이 맞을까?

우 리 말 마 당

? ● 진짜진짜
아리송하네?

사회 시간에 수정이는 자원의 소중함을 알았어. 우리나라에는 다른 나라보다 땅에 묻힌 자원이 많지 않대. 선생님은 "우리나라가 앞으로 어떻게 발전할까?"를 사회 숙제로 내주셨어. 집에 돌아온 수정이는 이 숙제를 두고 많이 고민했지.

우리나라에는 계발할 자원이 많지 않다. 크지 않은 땅에 묻힌 양이 적기 때문이다. 대신 뛰어난 지식과 기술력을 스스로 계발하는 사람들이 많다. 앞으로 우리나라는 사람들의 뛰어난 기술력과 지식으로 국토 계발에 힘쓰지 않을까.

'개발'과 '계발',
이래서 틀린대!

■ 산업 용어로 쓰는 말이다 보니 자주 쓰지 않아서 더 헷갈릴 거야.

■ 두 말 모두 무언가를 일깨우고 발전시킨다는 공통점 때문에 더욱 헷갈리지?

■ 두 말은 각각 '물질적인 것'에 쓰느냐, '정신적인 것'에 쓰느냐에 따라 차이가 있어.

자, 수정이가 쓴 숙제 일부를 보니, '계발'이라는 말이 공통으로 들어가 있네? 무언가를 일깨우고 발전시킨다는 뜻으로 '개발'과 '계발' 두 가지 말이 있잖아? 오늘은 이 두 말에 있는 차이를 알아보고 어떨 때 쓰는지를 살펴보도록 할게.

'개발'과 '계발'을 비교해 보면 모두 상태를 고쳐 더 좋게 한다는 공통점이 있어요. 하지만 두 말이 쓰이는 문장을 살펴보면 그 뜻이 다르답니다.

'개발'은 다음과 같은 한자로 이루어진 말이에요.

열 개(開) + 밝힐 발(發) = 개발
→ 무언가를 꺼내 열어서 일으키다.

'개발'은 기술·경제·책·제품·국토 등 주로 물질적인 것을 가리키는 말들과 어울린답니다. 사전에서도 '토지나 자원 등을 유용하게 하다/산업이나 경제 등을 발전시키다/지금껏 없던 새 제품을 내놓다' 등으로 쓰이고 있어요. 이를테면 새로운 영역을 일구어 쓸모 있게 쓴다거나 선보인다는 느낌이 강하지요.

• 아프리카 광산을 개발하다.
  → 광산이라는 자원을 쓸 수 있게 하려고 하네?

• 이번 정부에서 내놓은 경제 개발 계획
  → 산업이나 경제 발전에 선보이는 계획이라고?
• 제과 회사는 매년 신제품을 개발한다.
  → 지금껏 없던 제품을 내놓았어.

'계발'은 '개발'과 달리 이런 한자로 이루어져 있습니다.

일깨울 계(啓) + 밝힐 발(發) = 계발
→ 깨닫게 하여 일으키다.

'개발'이 물질적인 말과 어울렸다면 '계발'은 인간의 정신이나 지혜, 생각 등과 어울려 쓰여요. 계발의 '계' 자는 자주 들어본 계몽에서도 볼 수 있어요. 따라서 인간이 지닌 타고난 잠재 능력을 일깨우게 한다는 느낌이라고 봐야 해요.

- 교육은 숨어 있는 능력을 계발한다.
  → 보이지 않는 '능력'을 일깨우네!
- 선생님은 학생의 창의성이 계발되도록 도와줍니다.
  → 보이지 않는 '창의성'을 일깨우네!

정리하면 '개발'은 눈에 보이는 사물이나 산업과 어울려 쓰고, '계발'은 인간이 지닌 눈에 보이지 않는 정신이나 사상 등과 어울려 쓰여요. 그렇다 보니 '계발'은 '개발'보다 쓰이는 범위가 매우 좁지요.

'체험'이 맞을까, '경험'이 맞을까?

?
● 진짜진짜
　아리송하네?

수정이네 초등학교에서는 교실에서만 공부하지 않고 밖에서 다양한 사물을 보고 느끼고 배울 수 있는 시간을 많이 갖는대. 이번 주는 서대문자연사박물관에 갔다 와서 보고서를 써야 했는데 거기에서 뭘 보고 왔는지 한번 살펴볼까?

오늘은 서대문자연사박물관에 갔다. 그곳에서 지구와 생명의 탄생부터 오늘날에 이르기까지 놀라운 역사와 변화를 볼 수 있었다. 박물관을 구경하면서 이런 경험 학습을 자주 했으면 좋겠다고 생각했다. 학교에서 못 보는 공룡이나 대륙이 신기했기 때문이다. 어떤 곳에서는 직접 모형을 만지면서 경험할 수 있게 해 놓았다.

'체험'과 '경험',
이래서 틀린대!

■ '겪어 보다'라는 공통 뜻 때문에 두 말이 애매할 수 있어.

■ 이 두 말은 겪은 일의 횟수에 따라 쓰임새가 달라져.

수정이가 쓴 보고서에 '경험'이란 말이 자주 나오네? 저 문장에서는 경험보다 '체험'이라는 말이 더 어울려. 오늘은 '경험'과 '체험' 이 두 말이 어떤 차이가 있는지 살펴보려고 해.

요즘 학교에서 하는 공부 외에도 겪어 보고 배우는 현장 '체험' 학습을 자주 하지요? 이 '체험'이라는 말과 비슷한 뜻으로 '경험'이라는 말도 있는데 이 둘은 어떻게 다를까요?

'체험'은 아래와 같은 한자로 이루어진 말이에요.

'경험'과 '체험' 들여다보기

몸 체(體) + 겪을 험(驗) = 체험
→ 몸소 겪는다.

이처럼 '체험'에는 "자기가 몸소 겪는다."라는 뜻이 있어요. 주로 1회에 한해 직접 몸이 겪는 상황을 나타내기도 한답니다.

- 박물관으로 현장 체험을 갔다.
  → 박물관에 한 번 몸소 갔다 왔다는 뜻이겠지?
- 과학관에 신기한 가상 체험 프로그램이 있다.
  → 스스로 몸소 한 번 해 보는 프로그램이겠지?

'경험'은 어떤 한자로 이루어져 있을까요?

지날 경(經) + 겪을 험(驗) = 경험
→ 두루 지나며 겪다.

'경험'은 여러 번 겪거나 거기서 얻은 지식과 기능이라는 뜻이 있어요. 경(經) 자에 '두루·여러·시간의 경과'라는 뜻이 있거든요. 따라서 여러 번에 걸쳐 몸에 쌓이는 것이니 '체험'과 확실히 다르지요?

- 선생님은 경험을 살려 역사를 쉽게 가르치셨다.
  → 여러 번에 걸쳐 쌓인 지식으로 가르치셨다라는 뜻이야.
- 부모님은 삶의 경험에서 얻은 지혜로 자식들에게 교훈을 주었다.
  → 오랫동안 여러 번 쌓인 삶의 지혜이겠지?

정리하면 '체험'은 한 번에 걸쳐 직접 겪어 보는 일, '경험'은 여러 번에 걸쳐 쌓인 것이라고 할 수 있겠지요? '경험'은 '체험'이 쌓인 것이라고 말할 수 있어요. 한 번씩 했던 체험이 쌓이고 쌓여 커다란 경험이 될 수 있거든요.

'**구분**'이 맞을까, '**구별**'이 맞을까?

?
● 진짜진짜
  아리송하네?

오늘 수정이는 과학 시간이 다른 날보다 더 재미있었어. 수정이가 좋아하는 동식물 관련 단원을 공부하는 날이었거든. 동물과 곤충이 어떻게 다른지 공부한 뒤 선생님은 수업 마지막에 문제를 내시고 내일까지 생각해 오라고 하셨대.

거미는 동물일까? 곤충일까? 또 그렇게
답을 적은 이유를 설명하시오.
→ 선생님, 전 솔직히 거미가 동물인지
곤충인지 구분을 못 하겠어요.

'구분'과 '구별',
이래서 틀린대!

■ 두 가지 이상의 비교 대상을
  두고 쓴다는 공통점 때문에
  헷갈릴 거야.

■ 비교 대상의 '차이'를 문맥에
  서 따지는지에 따라 쓰임새가
  달라!

자, 수정이가 여기에서 쓴 '구분'이란 말이 보이니? '구분'과 비슷한 말로 '구별'이 있는데 이 말과 어떻게 다른지 잘 모르겠지? 지금부터 이 두 말이 가진 차이를 알아보자.

어떤 말에서 두 가지 이상을 비교할 때 구분한다, 구별한다는 말을 쓰지요? 뜻은 비슷할 수 있지만 그 쓰임새를 살펴보면 차이점이 두드러진답니다. 정확히 알맞은 곳에 쓰려면 말을 이루는 한자어부터 알아야 해요. 먼저 '구분'부터 살펴보겠습니다.

구역 구(區) + 나눌 분(分) = 구분
→ 비교 대상을 기준(구역)에 따라 나누다.

'구분'은 기준에 따라 전체를 몇 개로 나누거나 어떤 대상을 기준에 따라 나눈다를 뜻해요. 이때 기억할 점은 '정해진 기준'이라는 부분이에요. 이 기준은 어떤 차이가 없고 같은 범위를 말한답니다.

• 책을 소설책과 그림책으로 **구분했다.**
　　→ 책이라는 같은 기준이 있지?
• 섞여 있는 라면들을 신라면과 비빔라면으로 **구분했다.**
　　→ 라면이라는 같은 기준이 있지?

라면

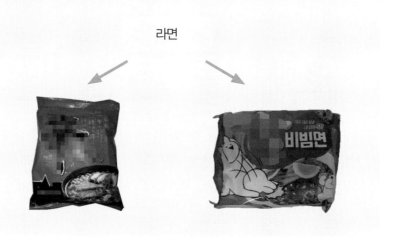

'구별'은 이런 한자로 이루어져 있어요.

구분할 구(區) + 다를 별(別) = 구별
→ 다른 점에 따라 나누다.

'구분'과 다른 점이라면, '다르다'라는 뜻의 별(別) 자예요. 이 덕분에 정해진 기준이 없이 대상끼리 '차이'가 있을 때 '구별'을 쓴답니다. 성질이나 종류에 따라 나타나는 차이로 가르거나 둘 이상의 차이에 따라 대상을 가른다는 말이에요.

- 진짜와 가짜를 **구별**해야 한다.
  → **진짜와 가짜라는 차이가 보이네?**
- 좋은 과일과 나쁜 과일을 **구별**했다.
  → **좋고 나쁘고의 차이가 있어!**

정리하면 '구분'은 정해진 어떤 '기준'에 따라 나눌 때 쓰고 '구별'은 비교 대상의 '차이'에 따라 나눈다는 말이에요.

08 '발명'이 맞을까, '발견'이 맞을까?

우 리 말 　 마 당

?
● 진짜진짜
　 아리송하네?

독서 감상문을 쓰려고 수정이는 위인전기를 골랐어. 창의적인 사람이 되고 싶었던 수정이는 발명왕 토머스 에디슨에게서 그 비결을 알고 싶었거든. 에디슨이 백열전구를 발명해 내고 또 회사를 차려서 가정에도 전기를 공급한 덕분에 우리가 편리하게 생활할 수 있었다고 해. 이때 수정이는 전구를 만든 에디슨에게 왜 전구를 발견했다고 하지 않는 걸까, 궁금해졌어.

선생님.
제가 에디슨 위인전기를 읽다가
궁금증이 생겼어요.
전구는 에디슨이 발명했다고
하잖아요? 왜 전구는
발견했다고 하지 않을까요?
쉽게 설명해 주세요.

'발명'과 '발견',
이래서 틀린대!

■ '찾아내다'와 '만들다'의 뜻을
　 잠깐 잊은 건 아니니?

■ '발명'과 '발견'은 무언가를 만
　 들다와 찾아내다의 사이에 차
　 이가 있어!

자, 수정이가 쓴 글을 보면서 친구들도 한 번쯤 이렇게 생각해 보지 않았니? 대체 '발명'과 '발견'은 어떻게 다를까?

친구들은 '발명'과 '발견'이라는 말이 별로 헷갈리지 않나요? 그런데 없던 무언가를 알려지게 한다는 비슷한 뜻에서 볼 때 간혹 두 말을 헷갈릴 때가 있답니다. 먼저 두 말이 어떤 한자로 이루어졌는지부터 살펴보도록 할게요.

드러낼 발(發) + 밝을 명(明) = 발명
→ 새로운 것을 밝게 드러내다.

'발명'의 한자를 하나하나 뜯어 보면 "궁리하여 알아내고 만든다."라는 뜻이 있답니다. 전에 없던 물건이나 방법을 새로 만든다는 뜻에서 쓰고 있어요. 여기에는 사람의 창의성이 더해져 새로운 사물을 만들었다는 뜻이 들어간답니다.

- 금속 활자를 발명해 책 보급이 쉬워졌습니다.
  → 이전에 없던 금속 활자를 만들어 냈다는 뜻이야!

- 한 과학자가 우연한 발견으로 지우개를 발명했다.
  → 전에는 지우개라는 물질이 없었어!

'발견'은 어떨까요? '발명'과 달리 새롭게 만들어 내는 것이 아닌 '찾아낸다'는 뜻이랍니다.

필 발(發) +볼 견(見) = 발견
→ 눈으로 보고 깨달아 찾아내다.

'발견'은 이전에 있던 무엇을 찾아내거나 처음으로 알아낼 때 쓰는 말이에요. '발명'과 다른 점이라면 새로 '만들지' 않고 이전부터 있었지만 알려지지 않았던 무엇을 '찾아낸다'는 사실이지요.

- 지구 옆에서 새로운 별을 발견했다.
  → 이전부터 있었는데 알려지지 않은 별을 찾았어!
- 콜럼버스가 아메리카 대륙을 발견했다.
  → 알려지지 않은 땅을 찾았어!

정리하면 '발명'은 이전에 없었던 무엇을 사람의 창의성을 더해 '만들어 내는' 것이에요. 이와 달리 '발견'은 이전부터 있었지만 알려지지 않았던 무엇을 '찾아 내는' 데 쓰지요.

'실재'가 맞을까, '실제'가 맞을까?

● 진짜진짜
아리송하네?

영화를 좋아하는 수정이는 주말에 애니메이션을 보기로 했어. 멋진 노래와 뛰어난 영상 그리고 감동 있는 이야기까지. 보고 난 뒤에도 내용이 생생하게 기억이 나는 그 애니메이션이 진짜 있었던 이야기로 만들었다는 거야! 그날 밤, 수정이는 애니메이션의 감동을 일기로 썼어.

제목 : 영화 업 감상문
　　2018년 □□월 □□일 눈 옴
오늘은 디즈니에서 만든
애니메이션 〈업Up〉을 봤다.
헬륨 풍선을 타고 여행하는
할아버지의 이야기는
흥미진진했다.
영화가 실제하는 이야기라니
그럼 칼 할아버지도 지구
어딘가의 사람이었던 걸까?

'실재'와 '실제',
이래서 틀린대!

■ 생활에서 '실제로'를 더 많이
　쓰다 보니 같은 말로 생각하
　지 않았니?

■ '실재'의 뜻이 무엇인지 알고
　있니?

자, 수정이가 쓴 글에서 '실제하는'이 보이니? "정말로 있다."라는 뜻의 '실재하다'를 잘못 썼어. 친구들도 수정이처럼 '실재'와 '실제' 이 두 말이 정말 헷갈리지 않니?

'실재'와 '실제'
들여다보기

정말로 있는 무엇을 이야기할 때 '실재' 또는 '실제'라는 말을 쓰지요? 뜻도 비슷한 데다 글자까지 비슷한 이 두 말은 친구들이 헷갈리는 말일 거예요. 이 한자어들은 따져 보면 각기 다른 뜻이 있는데 한번 살펴볼까요?

사실 실(實) + 때 제(際) = 실제
→ 사실의 상태

'실제'는 한자를 풀이한 그대로 어떤 사실에 중점을 둔 말로 쓰거나, 본인이 보거나 듣거나 한 경험으로 무언가를 직접 한다를 뜻한답니다. 이 말은 명사와 부사 형태로 쓰이고 있어요. 특히 '거짓이나 상상이 아닌 있는 그대로'라는 부사 '실제로'로 잘 쓰이지요.

- 작가는 그 이야기를 실제로 보았다.
  → 부사 형태로 '보다'를 꾸미고 있어.

그렇다면 실재는 어떤 한자로 이루어져 있을까요?

사실 실(實) + 있을 재(在) = 실재
→ 실제로 있다.

'실재'는 사람이나 사물이 정말 있다는 뜻이 있어요. 주로 명사로 쓰이면서 있다는 존재감을 드러내지요. 때로는 '실재하다'처럼 동사로 쓰이기도 하는데 *자동사로도 잘 쓰입니다.

*자동사
어떤 동작이나 작용이 주어에만 미치는 동사로 목적어가 필요하지 않아요.
보기
강아지가 앉았다.

- 이 동화는 실재 인물을 주인공으로 했다.
  → 진짜 있는 사람이라는 뜻이야.
- 믿기지 않겠지만 그 섬은 실재한다.
  → 섬이 정말로 있다는 뜻이야.

'무난하다'가 맞을까, '문안하다'가 맞을까?

우 리 말 마 당

? 진짜진짜
아리송하네?

엄마는 수정이에게 어린이날 선물로 뭘 받고 싶은지 생각해 두라고 하셨어. 받고 싶은 게 너무너무 많았던 수정이는 옷장을 열어 보다가 무릎을 탁 쳤어. 그동안 키가 많이 자라서 바지가 짧아졌거든. 새 옷을 사 달라고 엄마를 부르며 나갔지만 잠깐 외출하셨는지 안 계시지 뭐야? 약속이 있었던 수정이는 식탁 위에 메모를 남겼어.

엄마!
이번에 옷장을 보니
바지가 많이 짧아졌더라고요!
저에게 문안한 바지를
선물로 받고 싶어요.
감사해요

'무난하다'와 '문안하다',
이래서 틀린대!

■ 발음이 [무난하다]로 똑같아
서 쓸 때 틀리는 거야.

■ '문안하다'라는 말을 잘 사용
하지 않아서 익숙하지 않을
거야.

저기에 '문안하다'라는 말이 보이네? 혹시 '무난하다'를 잘못 쓴 건 아니니? 생각보다 많은 친구가 '무난하다'와 '문안하다'를 헷갈리는데 서로 다른 뜻이 있는 말이란다. 지금부터 어떻게 다른지 살펴보도록 할까?

'무난하다'와 '문안하다'
들여다보기

'무난하다'와 '문안하다'를 발음해 보세요. 여러분은 이 두 말을 정확히 구별할 수 있나요? '무난하다'와 '문안하다' 모두 한자어로 이루어진 말이에요. 각 한자 뜻을 알아두면 정확히 정리된답니다. 먼저 '무난하다'는 어떤 한자어로 이루어져 있을까요?

없을 무(無) + 어려울 난(難) = 무난(無難)
→ 어려움이 없다.

한자 풀이 그대로 '무난하다'는 별로 어려움이 없을 때 쓴답니다. 이 말이 어떻게 쓰이는지 자세하게 살펴볼까요?

- 수정이는 이번 시험에서 무난하게 100점을 받을 수 있다.
    → 100점 받기가 어렵지 않음을 나타내.
- 이 친구는 연주회에서 무난한 연주를 선보였다.
    → 연주에 흠잡을 만한 것이 없어.
- 그는 성격이 무난해서 두루두루 어울린다.
    → 성격이 까다롭지 않음을 나타내.

이와 달리 '문안하다'는 이런 한자로 이루어져 있어요.

물을 문(問) + 편안 안(安) = 문안(問安)
→ 편안함을 묻거나 안부를 여쭈다.

"웃어른께 안부를 여쭈다."의 뜻이 있어서 윗사람에게 인사를 여쭐 때의 딱 한 가지 경우에만 쓰인답니다.

- 할아버지께 문안 인사를 하다.
    → 할아버지께 안부를 여쭙지?

01 맞춤법이 맞는 문장에 ○, 틀린 문장에 ×를 표시하시오.

> **보기**
>
> 우리 집에서 내가 망내이다. (×)

- 처음 사용해 보는 희한한 물건이야. (　　)
- 그 가루를 장기간 보전하려면 냉장 보관을 해야 해. (　　)
- 사람들은 불가사리를 희안하게 쳐다보았다. (　　)
- 영희는 학교에서 반장뿐만 아니라 청소부의 역활도 한다. (　　)
- '시험을 없애야 할까?'라는 주제로 열띤 토의를(을) 벌였다. (　　)
- 민수는 자신의 경험을 살려 많은 돈을 벌었다. (　　)
- 토의가(이) 끝났는데도 두 친구는 제 주장이 옳다고 우겼다. (　　)
- 우리 겨레의 전통문화 보존에 최선을 다하자. (　　)

02 다음에서 올바른 맞춤법을 고르세요.

- 불우이웃을 도울 방법을 (토론, 토의)했다.
- 사람은 누구나 목숨을 (보전, 보존)하는 것이 가장 중요하다.
- 저는 소프트웨어 (개발, 계발) 업체에서 근무합니다.
- 우리는 현장 (체험, 경험) 학습을 제주도로 갔다.
- 혈액형은 A형·B형·O형·AB형으로 (구별, 구분)한다.
- 문자를 (발견, 발명)하면서 인류는 빠르게 발전했다.
- 자기 (계발, 개발)을 한 사람에게 더 많은 기회가 있습니다.
- 알렉산더 플레밍은 페니실린을 (발견, 발명)했다.
- 선악을 명쾌하게 (구분, 구별)할 수 있을까?
- 인내력을 기르려고 현수는 방학 동안 오지 (체험, 경험)을 떠났다.

03 다음 보기에서 알맞은 맞춤법을 골라 번호를 쓰세요.

- 폼페이 유적에서 어린아이의 화석이 (   )되었다.
- 〈최치원전〉은 (   )했던 최치원을 등장인물로 한 기이한 이야기입니다.
- 웬만한 일에 화를 내지 않는 (   ) 사람이다.
- 옛날이야기에는 (   ) 역사 인물을 다룬 것도 있다.
- 이어도는 제주도의 서남쪽에 (   )하는 수중 섬이다.
- 할아버지께 (   ).

> **보기**
>
> ① 문안하다 ② 발견 ③ 실재 ④ 실제 ⑤ 무난한

7

'외래어 규칙'을 알면 틀리지 않는대!

 생활에서 뉴스·라디오·드라마·껌과 같은 말을 들어 봤지요? 익숙하게 쓰고 있어서 당연히 우리말인가 싶겠지만 이 말들은 '외래어'랍니다. '외래어'는 외국어에서 들어와 한국어 일부가 된 말이에요. 외래어는 개화기 이후에 많이 들어왔어요. 그리고 일본어를 통해 이중으로 받아들인 어휘가 있답니다. 외래어는 영어에서 온 말이 대략 78% 정도로 가장 많아요. 그다음으로 일본어·독일어·프랑스어 순을 차지하고 있지요. 이런 외래어들은 순수한 우리말이 아니라서 외국어 발음을 우리말로 썼어요. 쓸 때도 올바른 표기법이 있지요. 대표적인 표기법 원칙을 5가지로 정리해 소개하겠습니다.

■ **외래어 표기법 5대 원칙**

1. 외래어는 국어에서 쓰는 24자모만으로 적는다.
   → 외래어를 정확하게 표기한다고 새로운 한글을 만들 수 없어요.

2. 외래어의 1 음운은 1 기호로 적는다.
   → Thank you는 '땡큐'도 '쌩큐'도 아닌 '생큐' 한 가지로 써야 해요.

3. 외래어 받침에는 'ㄱ/ㄴ/ㄹ/ㅁ/ㅂ/ㅅ/ㅇ'만을 적는다.
   → Market을 '마켙'이라고 쓰지 않고 허용한 받침 ㅅ을 써서 '마켓'으로 적어야 해요.

4. 파열음 표기에는 된소리를 쓰지 않는 것을 원칙으로 한다.
   → 'p/t/k'는 나라에 따라 된소리인 'ㅃ/ㄸ/ㄲ'로 소리 나도 표기는 'ㅍ/ㅌ/ㅋ'로 통일해요.

5. 이미 굳어진 외래어는 늘 써 온 것을 존중한다.
   → Radio를 발음으로 옮기면 [레이디오우]에 가까워요. 하지만 사람들에게 '라디오'로 널리 굳어져 이를 인정한답니다. Model도 영어 발음은 [마들]에 가깝지만 '모델'로 굳어져 이를 존중해요. 외래어 표기법은 정확한 외국어 발음 표기가 목적이 아니기 때문이에요.

'프라이팬'이 맞을까, '후라이팬'이 맞을까?

?

● 진짜진짜
아리송하네?

방과 후 요리 시간에 수정이는 친구 3명과 한 조를 이루었어. 수정이를 포함해 모두 4명이 1조를 이루어서 조마다 메뉴를 정해 요리를 만들었지. 수정이 조는 달걀을 이용해서 여러 가지를 요리하기로 했대.

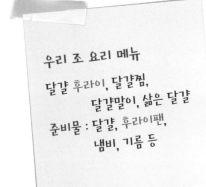

우리 조 요리 메뉴

달걀 후라이, 달걀찜,
　　　달걀말이, 삶은 달걀
준비물 : 달걀, 후라이팬,
　　　냄비, 기름 등

무엇을 요리할지와 준비물이 적혀 있는 메모가 보이지? 수정이가 쓴 '후라이'와 '후라이팬' 모두 외래어 표기법으로는 잘못 쓴 부분이란다. 지금부터 '후라이'와 '후라이팬'의 올바른 외래어 표기법을 함께 살펴볼까?

'프라이팬',
이래서 틀린대!

■ 먼 옛날부터 후라이팬이라고 많이 발음했지?

■ 'ㅍ(프)'보다 'ㅎ(후)'이 [f] 소리에 더 가깝다고 생각하지 않았니?

■ 쓰는 데도 후라이팬이라고 쓰는 게 더 익숙했을 거야.

영어 frying pan[fraing pæn]은 우리말로 '프라이팬'을 말합니다. 외래어 표기법의 원칙을 적용해 쓰면 '프라잉 팬'이지만 이렇게까지 원래 소리에 충실할 필요는 없어요.

[f] 소리는 윗니와 아랫입술을 접근시킨 채 그 사이로 공기를 마찰시키며 내는 소리랍니다. 국어에는 없는 소리라서 이 소리를 가진 외국 말을 한글로 표기할 때 많은 어려움이 있어요.

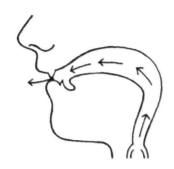

영어 'fry, frying pan'에서 이 [f] 발음은 표기법에 따라 '프'로 옮긴답니다. 많은 사람이 더 익숙하게 소리 내 온 'ㅎ(후)'을 쓰지만, 표기법은 '프'로 쓴다는 말이지요. 하지만 모음 앞과 자음 앞에서는 'ㅎ(후)'로 옮기고 단어 끝에서는 '프'로 옮긴다면 어떻게 될까요? 많은 사람이 혼란스러워하겠지요?

[f] 발음은 'ㅍ(모음 앞)/프(단어 끝과 자음 앞)'에 대응한다는 원칙에 따라 '프라이팬'으로 써야 해요. [f] 발음을 외래어 표기법에 맞춰 올바르게 쓴 다음과 같은 예들을 살펴보세요.

- "우리 팀, 파이팅(fighting)! 이겨라."
- 우리 가족은 주말에 패밀리(family) 레스토랑에서 외식했다.
- 퓨즈(fuse)를 새것으로 갈아 끼웠다.
- 어두운 방에서 희민이는 플래시(flash)를 켰다.
- 김연아 선수는 최고의 피겨(figure) 스케이팅 선수이다.
- 사진가가 사진기에 새 필름(film)을 넣었다.

02 '카페'가 맞을까, '까페'가 맞을까?

? 진짜진짜
아리송하네?

수정이는 오늘 사촌 언니가 일하는 가게에 놀러 가기로 했어. 물론 손님으로 놀러 가는 거래. 언니는 다양한 음료를 파는 고급 찻집에서 일하고 있었어. 가게 근처에 왔을 때 수정이는 언니에게 문자를 보냈대.

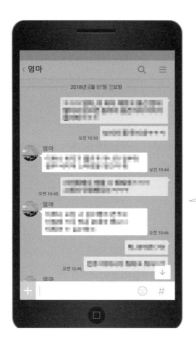

나 언니 일하는 까페 도착했어!

금방 왔네. 안으로 들어와.

응! 근데 까페 진짜 예쁘다!

'카페',
이래서 틀린대!

■ 실제로 영어로 말할 때는 '까페'로 발음하기 때문이야.

■ 'Thank you'를 말할 때 [땡큐]로 소리 내서 '까페'가 맞는 맞춤법이라고 생각하지 않니?

주고받은 문자를 살펴보니 언니가 일하는 '카페'를 '까페'라고 쓰고 있지? 외래어 표기법으로는 '카페'가 맞는 맞춤법이란다. 왜 그런지 지금부터 살펴볼까?

*파열음 표기에는 된소리를 쓰지 않는다.

'카페' 들여다보기

*파열음

폐에서 나오는 공기를 막았다가 그 막은 자리를 터뜨리면서 내는 소리. 우리말에서는 'ㄱ/ㄲ/ㅋ/ㄷ/ㄸ/ㅌ/ㅂ/ㅃ/ㅍ' 9개가 있어요. 영어 파열음은 'p/t/k'가 있지요.

커피나 음료, 술 또는 간단한 음식을 파는 곳을 영어로 'cafe'라고 하지요? 이 외래어는 우리말로 어떻게 쓸까요? 정답은 '카페'입니다. 많은 사람이 [까페]라고 하는 발음과 상당히 다른 표기법이지요? 우리말로 옮겨 적었더니 '까페'로 옮기기는 했는데 파열음에서 된소리에 해당하는 말 'ca(까)'가 있네요. 된소리가 나는 발음 'ㄲ/ㄸ/ㅃ'은 각각 'ㅋ/ㅌ/ㅍ'으로 바꿔 적도록 했어요.

ㄲ	ㅋ
ㄸ	ㅌ
ㅃ	ㅍ

cafe → 까페 → 카페
파열음 'ㄲ'은 'ㅋ'으로 바꿔야 해!

'카페'는 원래 프랑스에서 온 말이라 된소리로 '까페'라고 하는 경향이 있답니다. 파열음은 된소리를 쓰지 않는다는 원칙에 따라, 영어와 프랑스어를 비롯한 많은 서양 언어를 한글로 적을 때 된소리 표기를 인정하지 않아요. 수많은 나라의 발음에 맞춰서 일일이 쓰자면 그 많은 나라의 발음을 고려해야 해서 많은 혼란을 걱정했어요. 그래서 규칙을 정해 놓고 통일했지요. '카페'와 비슷한 외래어 표기로는 다음과 같은 말이 있어요.

- 프랑스 파리(Paris)는 낭만의 도시이다.
- 콩트(conte)집을 읽던 오빠가 낄낄거렸다.
- 테제베(Train à Grande Vitesse)는 프랑스의 고속철도이다.
- 새로 산 매트리스(mattress)는 편안했다.
- 내 동생은 피에로(pierrot)를 무서워한다.

'커트'가 맞을까, '컷'이 맞을까?

리 말 마 당

? 진짜진짜
아리송하네?

수정이는 오늘 문구점에 들러서 두꺼운 연습장을 샀어. 그리고 날마다 쓰는 용돈 기입장에 오늘 얼마를, 어디에 썼는지를 적었지. 그런데 오늘 산 연습장이 너무 비쌌지 뭐야? 돈이 한 푼도 남지 않아 머리카락을 자를 때 어머니가 돈을 보태 주셨대.

○○월 용돈 기입장

내역	수량	수입	지출	잔액	기타
지우개	1		500	2,000	
연습장	1		2,000	0	
미용실 컷	1		8,000	-8,000	엄마가 보태 주심

'커트'와 '컷',
이래서 틀린대!

■ 영어로 쓸 때 'cut'로 같이 쓰지만 표기법에서는 다르게 쓰인다는 사실을 몰랐지?

■ 영화 감독님도 촬영 때 '컷'이라고 얘기하니 '커트'라고 쓰면 잘못된 맞춤법 같지?

그런데 기입장에 적힌 글에서 '컷'이 뭘까? '커트'를 잘못 쓴 거구나!

머리카락을 자를 때 흔히 '컷'이라는 말을 올바르게 쓰려면 '커트'라고 해야 한다. 그렇다면 '컷'은 대체 언제 쓰냐고? 친구들이 보기에 '커트'와 '컷'은 어떻게 다른 말 같니?

4 공부왕이 즐겨찾는 맞춤법 띄어쓰기

자, 생활에서 자주 접할 수 있는 '커트'와 '컷'. 이 두 말은 영어로 같은 철자를 갖지만, 우리말로 쓸 때는 다르게 써야 하는 말이랍니다. 우리말 규정에서는 같은 말이라도 쓰이는 분야에 따라 발음을 달리하는 것을 특별히 인정하고 있어요. 그럼 '커트'와 '컷'이 각각 어떻게 쓰이는지 살펴볼까요? 먼저 '커트'는 다음과 같은 뜻으로 많이 쓰이고 있어요.

① 전체 중에서 일부를 잘라 내는 일

가위로 종이를 커트했다.

② 미용으로 머리카락을 자르는 일 또는 그 머리의 모양

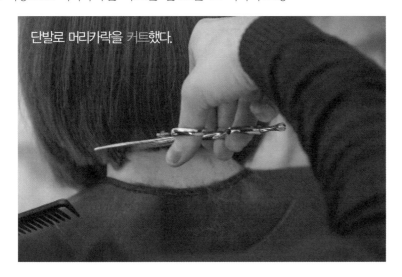

단발로 머리카락을 커트했다.

'컷'은 다음처럼 쓰인답니다.
① 영화, 텔레비전 등의 촬영에서 한 대의 카메라가 찍는 장면 하나.

· 감독은 박력 있는 그 컷을 살리기로 했다.

② 인쇄물에 넣는 작은 삽화.

· 이 만화 컷은 너무 작다.

③ 촬영할 때에 촬영기의 회전을 멈추거나 멈추도록 하는 신호.

· 감독은 "컷" 하고 외쳤다.

이와 비슷한 외래어 표기로 타입(Type)과 테이프(Tape)가 있어요.

· 내 친구는 성실한 타입의 사람입니다.
· 네 노래를 테이프에 녹음해서 들어봐.
· 찢어진 종이를 테이프로 붙여 놓았다.

04 '컬러'가 맞을까, '칼라'가 맞을까?

? 진짜진짜
아리송하네?

수정이는 선생님과 반 친구들끼리 개학 파티를 열기로 했대. 수정이와 친구들은 교실 꾸미기를 맡았는데 풍선 게임이 있다 보니 문구점에서 풍선을 많이 사야 했지. 수정이는 어떤 물건을 살지 심부름 담당 친구들에게 목록을 주고 왔어.

파티 준비물

칼라 풍선 30개
파티용 폭죽 20개
파티용 리본 10개
고깔모자 20개

'컬러',
이래서 틀린대!

■ 어른들도 '칼라'라고 발음하지
않니?

■ 이런 발음의 영향은 일본식
발음 탓이야.

이 목록에서 수정이가 쓴 '칼라'는 '컬러'가 맞는 외래어 표기법이야. '칼라'가 익숙한 친구들에게 왜 '컬러'가 맞는 표기법인지 함께 살펴볼까?

색깔을 영어로 'colour'라고 쓰지요? 우리말로는 어떻게 쓸까요? 정답은 '컬러'입니다. '칼라'가 아니라서 많이 놀랐다고요? 왜 '컬러'가 올바른 표기법인지 함께 살펴보겠습니다.

영어 모음은 늘 일정하게 소리 나지 않고 여러 가지로 발음할 수 있어요. 그래서 영어 철자를 쉽게 읽을 수 있도록 발음 기호를 만들었지요. 영어 철자는 아닌데 대괄호 [] 안에 있는 독특한 글자 모양을 본 적이 있지요? 이런 발음 기호들이 철자를 쉽게 읽을 수 있게 하려는 약속이랍니다.

'컬러'를 발음 기호로 적어 보면 기호 가운데 [ʌ]와 [ə]가 들어 있어요.

컬러 (color → |kʌlə(r))

우리나라 사람들이 가장 많이 혼동하는 영어 모음 철자는 '어'로 써야 하는 표기예요. 둘 다 우리말에는 쓰이지 않는 소리라 알아듣기도 어렵고 소리내기도 쉽지 않답니다. 이 철자는 우리말의 '어'와 '으'의 중간 소리처럼 들리는데요. 외래어를 쓸 때는 '어'로 옮기도록 정했어요. 그래서 컬러를 포함한 다음 외래어들을 규칙에 따라 이렇게 적는답니다.

- 디지털(digital) 카메라를 선물로 받았다.
- 시골에 가려고 버스 터미널(terminal)로 향했다.

05 '케이크'가 맞을까, '케익(케잌)'이 맞을까?

?
● 진짜진짜
　아리송하네?

　　오늘은 엄마의 생신이라서 수정이는 아빠에게 심부름을 부탁받았어. 아빠는 엄마가 좋아하는 제과점에서 주문한 물건이 있다면서 찾아오라고 하셨거든. 이게 그때 수정이가 아빠의 심부름을 적은 메모래.

파리○○○
딸기 케익 1개

'케이크',
이래서 틀린대!

■ 외래어 받침에 쓰도록 정해진 글자를 잘 모르지?

■ 주고받는 말 그대로 글로 옮겨 적다 보니 습관이 되진 않았니?

　　엄마가 좋아하는 제품이라 미리 주문하셨다는데 수정이가 쓴 메모의 '케익'은 맞게 쓴 걸까? 생일처럼 특별한 날에 먹는 맛있는 빵을 영어로는 'cake'라고 하지? 이 말은 어떻게 써야 올바른 표기법일까?

특별한 날에 먹는 'cake'는 외래어 표기법에 따라 '케이크'라고 씁니다. 우리가 말하곤 했던 '케잌'이나 '케익'처럼 받침을 쓰지 않아요. 그렇다면 왜 받침을 적지 않을까요?

외래어 표기법에서는 받침에 쓸 수 있는 글자를 제한하고 있어요. 우리말에서는 'ㄱ/ㄴ/ㄹ/ㅁ/ㅂ/ㅅ/ㅇ' 일곱 글자로 정해 놓고 있지요. 'ㅋ/ㅌ/ㅍ/ㅊ' 등이나 'ㄳ/ㄵ/ㄺ/ㄻ/ㄿ/ㅄ'과 같은 겹받침은 쓰지 못한답니다.
이런 제한은 외래어에만 해당하고 순우리말에는 해당하지 않아요. 그래서 '부엌/밭/무릎/꽃' 같은 표기를 모두 쓸 수 있답니다. 왜 그럴까요? 우리말에서는 이런 받침소리를 모두 발음하기 때문이랍니다. '꽃'은 그냥 [꼳]으로 소리 나지만 조사와 만나면 [꼬치/꼬츨]처럼 'ㅊ' 소리가 나지요? 따라서 '꼿'이나 '꼳'이 아닌 '꽃'으로 적는 거예요.

외래어 표기에서는 이중 모음 뒤에 [k/t/p] 소리가 나오면 받침으로 적지 않고 '크/트/프'로 적지요. 즉 '케이크'에서 마지막 음절 앞의 모음이 '에이'라고 하는 이중 모음이라 '케익'이 아니라 '케이크'로 적는답니다. 이와 비슷한 외래어 표기로는 다음과 같은 예들이 있어요.

- 달려오는 강아지를 보고 브레이크(break)를 밟았다.
- 점심 반찬으로 스테이크(steak)가 나왔다.
- 그 가수는 마이크(mike)가 고장 나 공연하지 못했다.
- 운동회에서 우리 반은 뛰어난 팀워크(team work)를 보여 주었다.

06 '텔레비젼'이 맞을까, '텔레비젼'이 맞을까?

우 리 말 마 당

?
● 진짜진짜
아리송하네?

할머니 댁에 놀러 간 수정이는 저녁을 먹고 TV를 보고 있었어. 그런데 할머니 댁에 있는 TV는 흑백이라서 방송이 시커멓게 보인다지 뭐야? 하도 오래된 TV라서인지 고장도 자주 났는데 할머니는 기사분 전화번호를 항상 적어 놓으셨대.

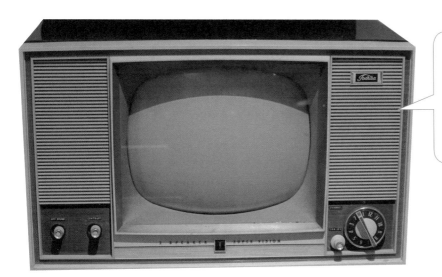

테레비
수리 기사 번호
011-234-5678

'텔레비젼',
이래서 틀린대!

■ 주로 [테레비/텔리비젼]이라고
자주 발음을 들어서 그렇지는
않니?

■ 우리말에서 '져'는 '지어'의 준
말인데 '져'는 '저'로 소리가 난
다는 사실은 몰랐지?

그러고 보니 어떤 어른들은 '테레비'라고 하고, 어떤 어른은 '텔레비젼'이라고 하던데. TV는 어떻게 써야 올바른 표기법일까? 친구들은 TV를 어떻게 쓰겠니?

재미난 드라마·영화·애니메이션까지 보여 주는 네모난 사물, TV는 우리에게 없어서는 안 될 물건이에요. TV라는 외래어 말고 우리말로 옮겨 쓴다면 뭐라고 써야 올바른 표기법일까요?

television → 영어 발음으로는 [teləviʒən] → 한글로 옮기면 텔레비전

이 말은 사람들이 오랫동안 쓴 '텔레비전'으로 굳어졌답니다. 특히 '-전'을 '-젼'으로 표기하곤 하는데, 발음 기호 [ə]를 보아도 'ㅓ'가 맞는 표기법이에요.

'ㅈ/ㅉ/ㅊ'은 터지고 비비는 두 성질이 다 있는 파찰음이에요. 뒤에 'ㅏ/ㅓ/ㅗ/ㅜ'가 올 때와 'ㅑ/ㅕ/ㅛ/ㅠ'가 올 때 발음이 같답니다. 이 때문에 외래어를 표기할 때는 'ㅈ/ㅉ/ㅊ' 다음에 이중 모음 'ㅑ/ㅕ/ㅛ/ㅠ'를 쓰지 않아요.

'텔레비전'과 비슷한 규칙에 따라 쓴 외래어에는 다음과 같은 말이 있어요.

- 여름에 하는 레저(leisure) 스포츠로 서핑을 즐겨 한다.
- 상점에서 포도 주스(juice)를 한 병 사 왔다.
- 새해에는 경제 저널(journal) 구독자가 많다.
- 의사가 환자의 상태를 차트(chart)에 기록했다.

'초콜릿'이 맞을까, '쵸코렛'이 맞을까?

? 진짜진짜
아리송하네?

2월이면 찾아오는 특별한 날이 있지? 좋아하는 상대에게 선물을 주고 고백하는 날 있잖아? 수정이도 같은 반 친구이자 인기가 많은 석현이에게 편지와 함께 선물을 준비했대. 석현이에게 쓴 편지를 몰래 한번 볼까?

안녕, 석현아?
오늘 네 자리에 쵸코렛이 있어
놀랐지?
네가 두고두고 맛있게 먹어
줬으면 좋겠다.
앞으로도 너와 더
친하게 지내고 싶어.
수정이가.

'초콜릿',
이래서 틀린대!

■ 옛날에는 '쵸코렡'이라고 쓰곤 했었대!

■ 누구는 '초컬릿', 누구는 '초코렛', 누구는 '쵸코릿' 다양하게 쓰고 말하다 보니 편한 대로 생각해서 쓰고 있지는 않니?

어머나, 수정이가 석현이에게 '초콜릿' 선물과 함께 편지를 보냈어! 그런데 저 '쵸코렛'이라는 맞춤법은 잘못 썼네? 외국어로 'chocolate'이라는 말은 우리말로 왜 '초콜릿'이라고 쓰는지 알아볼까?

'초콜릿' 들여다보기

카카오나무 열매에 있는 씨를 볶아 만든 가루에 우유와 설탕, 향료 등을 섞으면 달콤한 '초콜릿'이 만들어져요. 영어로는 'chocolate'라고 쓰지만 많은 사람이 [쪼코렛/쵸콜릿/초코렛/쵸코렡]처럼 다양하게 말하고 있어요.

이 'chocolate'을 발음대로 표기하면 '초컬릿'이 맞지만, 다음 규칙을 따라 초콜릿'이라고 적는답니다.

chocolate
→ 둘째 음절을 '오'로 발음한다.

chocolate
→ 많은 사람이 널리 발음하는 '릿'을 받아들인다.

chocolate
→ 발음 [l]이 모음 앞에 올 때 'ㄹㄹ'로 적는다.

둘째 음절을 '오'로 발음하는 경향과 셋째 음절을 '렛'이나 '릿'으로 발음하는 현상을 존중하여, '초콜릿'으로 적기로 했어요. *어중의 [l]이 모음 앞에 올 때 'ㄹㄹ'로 적는 것이 이미 굳어져 있어 '초코렛'이 아니라 '초콜렛'이 되고 다시 '초콜릿'으로 굳어졌습니다.

*어중
한 낱말의 중간 부분으로 어두·어중·어미처럼 쓰인답니다

08 '윈도우'가 맞을까, '윈도'가 맞을까?

진짜진짜 아리송하네?

주말에 수정이는 컴퓨터 수리 기사님을 불렀어. 동생과 컴퓨터 게임을 자주 하는 수정이에게 컴퓨터가 고장 나다니 청천벽력 같은 일이었지. 기사님이 컴퓨터를 수리해 주신 덕분에 수정이와 동생은 주말 동안 즐겁게 게임을 즐길 수 있었나 봐.

2018년 ○○월 ○○일 비 옴
　　제목 : 컴퓨터를 고치던 날

컴퓨터가 고장 났다. 내가 좋아하는 게임을
할 수가 없어서 큰일이었다.
수리해 주시는 아저씨에게 컴퓨터 윈도우에
있는 게임을 꼭 지우지 말아 달라고 말했다.
컴퓨터를 고친 뒤, 윈도우를 살펴보니 게임이
그대로 깔려 있었다!
　덕분에 비 오는 주말에 게임을 할 수 있었다.
감사합니다. 아저씨!

'윈도', 이래서 틀린대!

■ 현지 발음에 가깝게 적으려고 하는 습관 때문은 아니니?

■ 옛날에는 보트도 '보우트'라고 적었고 요즘에도 흔히 '윈도 우'라고 말하잖아?

수정이 일기에 있는 '윈도우'라는 말이 보이니? 외래어 표기법에 따르면 저 말은 '윈도'라고 적어야 올바르게 쓴 말이란다. 지금껏 '윈도우'로 알고 있었는데 어색하다고? 지금부터 왜 '윈도'라고 써야 하는지, 또 '윈도'와 비슷한 외래어는 무엇이 있는지 살펴보도록 할게.

'윈도'
들여다보기

우리가 자주 쓰는, 컴퓨터에 깔린 운영 체제 '윈도'를 흔히 '윈도우'라고 말하지 않나요? 외래어 표기법 규칙에 따르면 '윈도우'는 잘못된 맞춤법입니다. 이는 표기법 규정에 있는 중모음 조항 때문이에요.

영어에서 중모음에 해당하는 'oa/er/ow' 등은 모두 '오'와 '아워'로 적어야 한다고 나와 있어요. '윈도'와 비슷한 다른 외래어를 정리하면 다음과 같습니다.

boat → 보우트 × → 보트   power 파우어 × → 파워

tower → 타우어 × → 타워   bowling 보울링 × → 볼링

yellow → 옐로우 × → 옐로   window 윈도우 × → 윈도

올바른 외래어 표기법에 따라 쓴 말들은 이렇게 활용됩니다.

· 계곡에서 우리는 작은 보트를 띄웠다.
· 헐크는 파워가 센 영웅이다.
· 승강기를 타고 타워 꼭대기에 올라갔다.
· 볼링은 사람들이 자주 즐기는 운동이다.
· 이번 경기에서 그 선수는 옐로카드를 받았다.

'하이라이트'가 맞을까, '하일라이트'가 맞을까?

?
● 진짜진짜
아리송하네?

대한민국에서 2018년에 열린 평창 동계 올림픽은 멋진 개막식으로 세계인들의 시선을 잡아끌었어. 수정이는 가족과 함께 둘러앉아 텔레비전으로 개막식 이후 경기를 보고 있었어. 남자 1,500미터 결승전에 우리나라 선수가 두 명이나 올라갔다지 뭐야? 수정이는 그 긴장감 넘치는 순간을 오래도록 기억에 남기려고 그림 일기를 썼대!

2018년 ○○월 ○○일
제목 : 쇼트트랙을 보다

올림픽 남자 쇼트 트랙 경기를 보았다. 우리나라 선수가 두 명이나 올라갔다.
가족들은 경기의 하일라이트가 메달 수여식이라고 했다.
그래도 나는 우리 선수들이 최선을 다해 경기하는 모습이 가장 하일라이트라고 생각한다.

'하이라이트',
이래서 틀린대!

수정이는 '하이라이트'를 쓰고 싶었나 봐. 외래어 '하이라이트'는 '하일라이트'라고 쓰면 왜 틀릴까? 지금부터 그 이유를 함께 살펴보도록 할게.

■ 자연스럽고 쉬운 발음으로 쓰려고 하지는 않았니?

■ 두 말이 모여 이루어진 복합어는 각각 적어야 해.

'하이라이트'
들여다보기

*복합어
말과 말이 모여 또 다른 말
을 이루는 말이에요.
post+man=postman,
news+paper=newspaper,
hand+made=handmade

따로 쓸 수 있는 말의 합성으로 이루어진
*복합어는 그것을 구성하고 있는 말이
단독으로 쓰일 때의 표기대로 적는다.

스포츠나 연극, 영화 등에서 두드러지거나 흥미 있는 장면을 흔히 '하이라이트'라고 말하지요? '하이라이트'는 우리말로 '강조'나 '주요 부분'으로 바꾸어 쓸 수 있는 말이랍니다. 영어로 'highlight'라고 쓰는 '하이라이트'는 두 말이 더해진 복합어예요. 몰랐던 사실이지요?

하이(high) + 라이트(light) = 하이라이트(highlight)

이렇게 두 말 이상으로 이루어진 복합어는 각각을 이루는 말이 혼자 쓰일 때처럼 적어야 한다고 정했어요. 따라서 '하이'와 '라이트'를 그대로 이어 '하이라이트'로 적어야 하지요. 다만 '레모네이드'는 예외로 본답니다. '하이라이트'와 비슷한 외래어로는 다음과 같은 말이 있어요.

· 드라이(dry) + 클리닝(cleaning) = 드라이클리닝(drycleaning)
· 오프(off) + 사이드(side) = 오프사이드(offside)
· 아웃(out) + 렛(let) = 아웃렛(outlet)

'템스'가 맞을까, '템즈'가 맞을까?

?
● 진짜진짜
아리송하네?

평소보다 긴 겨울방학을 맞이한 수정이는 영국에 사는 이모의 초대로 여행을 떠났어. 잔뜩 들뜬 마음을 안고 수정이가 도착하자 이모는 영국의 유명한 장소를 여기저기 보여 주셨대. 눈으로만 보기 아까웠던 아름다운 강을 사진 찍은 다음 인화한 사진 뒤에 이렇게 썼어.

우리나라에서 한강이
유명하다면
영국에서는 템즈 강이
유명하다.
다음에도 또 오고 싶은
템즈 강.

외래어 표기법으로는 '템스'가 맞는 맞춤법이래! 대체 왜 이렇게 쓰는지 살펴보도록 할까?

'템스',
이래서 틀린대!

■ 영어로 말할 때는 '템즈'라고
들리지 않니?

■ 영어 '-s[z]'에 '-즈'로 쓰는 게
더 익숙하지 않니?

'템스'
들여다보기

*어말

단어의 끝. 'Thames'에서 's' 가 어말이에요.

*마찰음

입술·치아·혀로 공기 통로를 좁게 해 그 사이를 공기가 비집고 나오면서 마찰이 일어나게 하는 소리입니다. 구멍 난 튜브에서 스스스 새어 나오는 느낌의 소리 정도일까요? 우리말에서는 'ㅅ/ㅆ/ㅎ'이 마찰음이에요.

1888년 국제 음성 학회는 언어 교육을 위해 세계 모든 말소리를 자세하게 쓰려고 음성 기호를 만들었어요. 이 기호 규칙에 맞추어 국제 음성 기호와 한글 대조표에 따라 한글로 옮기면 '템즈'로 쓰지요. '템즈'는 지명이나 인명 표기에서 별도 원칙이 있어 올바른 표기법이 아니에요.

> **"*어말의 –s[z]는 '스'로 적는다."**

영국, 하면 빼놓을 수 없는 '템스(Thames)'를 영어 발음 표기로 쓰면 [temz]가 된답니다. 어말에서 소리 나는 [z]를 한글로 쓸 때 원어 발음과 더욱 가깝게 나타내려고 *마찰음과 모음의 결합인 '스'로 적게 했지요. '템스'와 비슷한 외래어 표기법으로는 여러 개가 있어요.

- 오후 9시에 긴급 사고 뉴스(news)가 전해졌다.
- 내 친구는 레깅스(leggings) 위에 치마를 입었다.
- 비틀스(Beatles)는 세계적으로 유명한 가수이다.
- 영국 남서부에는 웨일스(Wales)가 있다.
- 이번 특별 기사는 뉴욕 타임스(Times)와 함께했다.

어말의 –s[z]를 '스'로 적는다는 규칙에 예외로 적용되는 말들도 있어요.

- 안경 대신 렌즈(lens)를 끼는 사람이 많아졌다.
- 아침 조깅에 신을 러닝 슈즈(shoes)를 샀다.
- 음악대에서 심벌즈(cymbals) 소리가 특히 컸다.

7 장

01 괄호에 들어갈 올바른 맞춤법을 이어 보세요.

선수들은 "(　　)"을 외치며 서로 격려했다.　　　　•　　　　• 플래시

젊은 엄마들은 (　　) 레스토랑을 즐겨 찾는다.　　　•　　　　• 피가로

기자들은 아이돌 배우가 나타나자 (　　)를 터뜨렸다. •　　　• 매트리스

누나는 오늘도 (　　)을 보고 키득키득 웃고 있다.　　•　　　• 파리

순이는 침대 (　　)에 얼굴을 묻고 하염없이 울었다.　•　　　• 패밀리

에펠탑은 프랑스 (　　)에 있다.　　　　　　　　•　　　• 파이팅

모차르트가 작곡한 (　　)의 결혼 서곡을 감상했다. •　　　• 콩트집

02 다음 보기에서 올바른 맞춤법을 골라 번호를 쓰세요.

- 꼭두각시 (　　　)의 슬픈 눈을 보면 눈물이 날 것 같다.
- 수정이는 미용실에서 (　　　)했습니다.
- 요즘에 (　　　)를(을) 듣는 사람을 거의 없다.
- 이 만화책은 (　　　)이(가) 너무 많아.
- 할머니가 고속버스 (　　　)에 도착하셨다고 했다.
- 요즘에는 (　　　)시계를 쓴다.
- 내가 좋아하는 (　　　)는 파란색이다.

> **보기**
> ① 테이프 ② 디지털 ③ 컬러 ④ 터미널 ⑤ 컷 ⑥ 피에로 ⑦ 커트

03 밑줄 친 말을 고쳐 쓰세요.

> **보기**
>
> 우리 집에서 내가 <u>망내</u>이다.
> → 막내

- 크리스마스에 유명한 가수의 <u>컨서트</u>가 열린다.
  →

- 자동차 <u>브레익</u>이(가) 고장 나 수리했다.
  →

- 우리 가족은 레스토랑에서 <u>스테익</u>을(를) 먹었다.
  →

- 노래방에 가면 친구들은 <u>마익</u>을(를) 서로 잡으려고 한다.
  →

- 축구 경기에서 이기려면 <u>팀웤</u>이(가) 좋아야 한다.
  →

- 요즘에는 고구마 <u>케익</u>이(가) 인기이다.
  →

- 달콤한 포도 <u>쥬스</u>를 마시며 이야기를 나누었다.
  →

04 맞춤법이 맞는 문장에 ○, 틀린 문장에 ×를 표시하시오.

> **보기**
>
> 우리 집에서 내가 망내이다. (×)

- 간호사는 아기의 입에서 체온계를 빼 챠트에 기록했다. (　　)
- 레져 활동으로 승마를 즐기는 사람들이 늘어나고 있다. (　　)
- 나는 주간 신문인 울산 저널을 보고 있어요. (　　)
- 우리 할머니 댁에는 흑백 텔레비젼이 있다. (　　)
- 야구에서 수비수가 멋지게 슬라이딩을 해서 공을 잡았다. (　　)
- 아이돌 스타가 나타나자 기자들이 플래시를 터뜨렸다. (　　)

- 햇볕이 따가워 창에 브라인드를 쳤다. (   )

05 다음에서 올바른 맞춤법을 고르세요.

- 우리는 (남산타워, 남산타우어)에 올라가 서울 시가지를 내려다보았다.
- (옐로스톤, 옐로우스톤) 공원은 미국에서 가장 오래되고 큰 공원이다.
- 격투기 선수는 무시무시한 (파워, 파우어)를 자랑한다.
- 이 섬에서 저 섬으로 (보트, 보우트)를 타고 건너갔다.
- 주말에 야구 경기의 (하이라이트, 하일라이트)를 모아서 방영해 줍니다.
- 이 옷은 (드라이클리닝, 드라이크리닝) 해야 합니다.
- 사진을 찍을 때 (플래시건, 플래쉬건)이 터져 깜짝 놀랐다.

06 길잡이에서 올바른 글자를 골라 빈칸을 채워 보세요.

> **보기**
>
> 우리 집에서 내가 막내이다.

- 영국의 찰□ 황태자는 모든 영광과 명예를 누리고 있다.
- 미국 오하이오 강가에 있는 에번□빌은 상업·제조업·철도의 중심지이다.
- 뉴욕 타임□는 미국에서 유명한 신문이다.
- 비틀□의 노래는 전 세계적으로 알려져 있다.
- 그 뉴□는 많은 사람을 놀라게 했다.
- 실력 있는 발레리나는 슈□를 벗은 발에서 드러난다.
- 요즘에는 안경보다 렌□를 많이 낀다.

> **길잡이**
>
> 즈, 스

띄어쓰기

1. 아버지가 방에 들어가신다.
2. 아버지가방에들어가신다.

자, 위 두 문장을 한번 읽어 보세요.
여러분에게 **어떤 문장이** 읽기가 편한가요?
두 문장은 띄어쓰기를 한 문장과 그렇지 않은 문장으로 나눌 수 있어요.
이처럼 띄어쓰기는 **각 말이 지닌 뜻을**
더욱 분명하게 해 주는 아주 중요한 일을 한답니다.

두 번째 여는 마당 무엇을 살펴보나요?

1장
관형사 띄어쓰기

체언을 꾸며 주는
관형사에는 무엇이 있을까요?
다양한 관형사와 예문을 통해
정확한 띄어쓰기를
알아봐요.

2장
부사 띄어쓰기

동사·형용사 등을 꾸며 주는
부사에는 무엇이 있을까요?
다양한 부사와 예문을 통해
정확한 띄어쓰기를
살펴봅니다.

4장
조사 띄어쓰기

다른 말에 의지해 쓰이는 조사는
띄어 쓰지 않고 붙여 쓴답니다.
조사들에는 어떤 종류가 있는지
함께 살펴봐요.

3장
의존 명사 띄어쓰기

의존 명사가 무엇인지 함께
알아볼까요?
다양한 의존 명사를 공부하면서
언제 띄어 쓰는지도
함께 살펴봐요.

5장
보조 용언 띄어쓰기

용언을 꾸며 주는
보조 용언은 띄어 쓰는지
붙여 쓰는지 차근차근
알아봅니다.

6장
의존 명사와
조사 띄어쓰기

같은 글자이지만 문장에서 성분이
달라지는 말이 있어요.
이런 경우 의존 명사이냐,
조사이냐에 따라 띄어 쓰거나
붙여 쓴대요!

8장
부사와 조사
띄어쓰기

문장에서 부사일 때와 조사일 때
그 성분과 역할이 달라진답니다.
언제 그렇게 달라지는지
함께 알아볼까요?

7장
의존 명사와
어미 띄어쓰기

같은 글자이지만
의존 명사나 어미에
따라 띄어쓰기가
달라진답니다.

'띄어쓰기'를 알면 틀리지 않는대!

우리 글꼴은 세모가 기본형이에요. 이 외에 대표적인 우리 글꼴을 소개하면 이렇답니다.

'오' → 바른세모형 △   오

'서' → 왼세모형 ◁   서

'옹' → 마름모형 ◆   옹

'많' → 네모형 ■   많

이런 도형 모양이라는 사실을 알아두고 글씨 쓰는 연습을 하면 어떤 장점이 있을까요? 반듯한 글꼴을 익히면 띄어쓰기를 할 때도 많은 도움을 받을 수 있답니다.

띄어쓰기는 기본 규칙 외에도 문맥에 따라 띄어 쓰는 법이 달라지기 때문에 어른들도 많이 어려워해요. 하지만 공통으로 쓰이는 기본 규칙이 있답니다.

1. 조사는 띄어 쓴다.
2. 앞말과는 붙여 쓴다.

이번 장에서는 친구들이 알아두고 응용할 수 있는 기본 띄어쓰기 규칙들을 소개할 거예요. 이를 바탕으로 우리말을 정확하게 이해할 수 있는 시간이었으면 좋겠어요.

'관형사'는 어떻게 띄어 쓸까?

우 리 말 마 당

? ● 진짜진짜
아리송하네?

> 어느 마을에 우애 깊은 형제가 있었습니다. 형제는 늘 거둔 곡식을 사이좋게 나누었어요. 그날 밤, 집으로 돌아간 형은 장가간 동생을 걱정해 동생 창고에 곡식을 놓고 돌아왔어요. 아우도 마찬가지로 이 생각을 하고 있었답니다. 그리고 형의 창고에 곡식을 놓고 왔어요. 다음 날 아침, 형제는 창고에 원래 있던 곡식 말고 다른 곡식이 있자 몹시 놀랐어요. 형도 아우도 이상하게 생각했지만 서로 그 이야기를 할 수 없었어요. 밤이 되자 형제는 다시 곡식을 옮겼어요. 다음 날이면 새 곡식이 쌓여 있었지요. 형과 아우는 다시 곡식을 지고 갔어요. 그런데 곡식을 지고 오는 한 사람이 보이지 않겠어요? 점점 가까워졌을 때 형제는 서로를 알아봤답니다. 서로를 생각하며 자신의 곡식을 나누려던 형제는 환한 달빛과 함께 서로를 보며 웃었답니다.
>
> 〈사이좋은 형제〉

〈사이좋은 형제〉를 잘 읽어 보았니? 이 이야기에서 색으로 나타낸 말이 친구들에게 가장 먼저 소개할 '관형사'들이란다. 이 '관형사'는 문장에서 어떤 역할을 하는지 지금부터 살펴보도록 할게.

'관형사'의 비밀

갓 관(冠) + 모양 형(形) + 말씀 사(詞) = 관형사

→ 관 모양을 한 말

- '관형사'는 체언 앞에 놓여 그 내용을 꾸며 주는 말!
- 관이 머리를 꾸며 주듯 관형사는 체언을 꾸며 주고 있어!

　새 필통 → 새가 필통을 꾸며 주고 있네?
　관형사 체언

- 관형사와 체언은 각각 띄어 써야 해.

관형사에는 어떤 종류가 있을까?

01 이   말하는 이에게 가까이 있는 대상을 가리킬 때
            ➡ **이** 사과는 맛이 없어.

02 그   듣는 이에게 가까이 있는 대상을 가리킬 때
            ➡ **그** 책 좀 나한테 줄래?

03 저   말하는 이와 듣는 이에게서 멀리 있는 대상을 가리킬 때
            ➡ 우리는 오늘 밤 안으로 **저** 산을 넘어야 한다.

04 다른   해당하는 것 이외의, 특별하지 않은 보통의 것을 가리킬 때
            ➡ 고기만 먹지 말고 **다른** 반찬도 먹어라.

05 새   지금까지 없던 것이거나 이미 있던 것 또는 사용한 지 얼마 되지 않은 것을 가리킬 때
            ➡ 방학이 끝나고 **새** 학기를 맞이해 **새** 책으로 공부한다.

06 헌 오래되거나 성하지 아니하고 낡은
➥ 새 신발을 사고는 **헌** 신발을 미련 없이 버렸다.

07 순 다른 무엇이 섞이지 않은 순수한
➥ 비계가 섞이지 않은 **순** 살코기만으로 주세요.

08 한 단위를 나타내는 말 앞에 쓰여, 그 수량이 하나를 나타내는 말
일부 명사 앞에 쓰여, '같은'의 뜻을 나타내는 말
➥ **한** 달이 넘도록 소식이 없었다.
➥ 객지에서 만난 우리는 **한** 이불을 덮고 자며 서로 의지했다.

09 첫 맨 처음의
➥ 그는 **첫** 공연인데도 떨지 않고 노래했다.

10 몇 뒤에 오는 말과 관련하여, 그리 많지 않은 얼마만큼의 수
➥ 염소 **몇** 마리가 한가하게 풀을 뜯고 있었다.

관형사, 더 살펴볼까?

관형사는 말 그대로 체언을 꾸며 주는 말이랍니다. 규칙에 따르면 관형사와 명사는 띄어 써야 하지요. 하지만 붙여 쓸 때도 있어요. 단음절로 된 단어가 연이어 나타나거나 입에 굳은 말은 붙여 쓴답니다. 어떤 예들이 있을까요?

- 이분이 내 어머님이셔. : 그분, 저분
- 이때 들어가지 않으면 문이 닫혀! : 그때, 저때
- 저쪽으로 이것을 옮겨라. : 그것, 저것
- 모두 한마음으로 이 위기를 극복했다.

한밤중, 첫걸음마, 첫나들이, 첫사랑, 첫손가락, 헌옷 등.
이 말들은 입에 굳어져 붙여 쓰는 말이야!

관형사 '새'도 마찬가지예요. 아래의 두 번째 문장처럼 한 단어로 굳어져 붙여 쓰는 관형사도 있답니다. 아래 말이 그런 예예요.

- 겨울방학이 지나가고 새 학기가 시작했다.
- 그 사람은 잘못을 뉘우치고 새사람이 되었다.

새언니, 새내기, 새댁, 새사람, 새색시, 새신랑, 새아빠, 새엄마
이 말들은 한 단어로 굳어져 붙여 쓴대!

예전에는 '새엄마'라는 말이 사전에 있었지만 '새아빠'는 없었어요. 그런데 남성 중심의 단어 만들기라는 문제점 때문에 새아버지와 새아빠도 함께 사전에 올라 있답니다.

02 '부사'는 어떻게 띄어 쓸까?

우 리 말 마 당

?

● 진짜진짜
아리송하네?

> 어느 고을에 옹고집이라는 사람이 살았어요. 옹고집은 부자였지만 성질이 고약하고 인색해서 다른 사람들을 돕지 않았어요. 어느 날, 옹고집의 집에 스님이 찾아와 시주를 부탁했어요. 문밖으로 나온 옹고집은 하인을 시켜 그런 스님을 매우 심하게 매질했어요. 가까스로 풀려난 스님은 뛰어난 도술로 옹고집으로 변해 옹고집 행세를 하였습니다.
>
> 외출하고 돌아온 옹고집은 자신으로 변한 스님을 보고 정말 놀랐어요. 하지만 집안사람 누구도 진짜 옹고집을 가리지 못했습니다. 고을 원님에게 도움을 청했지만, 원님도 바로 진짜 옹고집을 가리지 못했습니다. 양쪽 말을 들은 원님은 옹고집으로 변신한 스님이 왠지 진짜 옹고집처럼 느껴졌어요. 결국 진짜 옹고집은 집에서 쫓겨나 구걸하며 돌아다니게 되었답니다. 그리고 진짜 옹고집은 진심으로 뉘우치는 마음으로 평생을 살았답니다.
>
> 〈옹고집전〉

〈옹고집전〉을 잘 읽어 보았니? 오늘은 색으로 표시한 저 문장 성분이 어떻게 쓰이는지 공부하려고 해. 살펴보니 동사 앞에서 동사를 꾸며 주고 있네? 이런 성분을 '부사'라고 하는데 동사를 더 분명하게 꾸며 주는 일을 한대. 동사만이 아니라 다른 문장 성분을 꾸며 주기도 해. 그럼 부사의 띄어쓰기는 어떻게 하는지 살펴볼까?

'부사'의 비밀

$$도울 \; 부(副) + 말씀 \; 사(詞) = 부사$$

→ 도와주는 말

- '부사'는 동사나 형용사, 또는 다른 부사 앞에서 그 뜻을 꾸며 준대!
- 동사나 형용사 같은 용언 앞에 놓여 그 내용을 분명하게 꾸며 주는 말!

→ 겨우 일을 마쳤다.
  "간신히 마쳤다."라는 뜻으로 '마쳤다'를 더 분명하게 꾸며 주지?

- 부사와 용언을 구별할 줄 모르면 틀리게 쓴대.

부사에는 어떤 종류가 있을까?

01 잘 익숙하고 능란하게, 좋고 훌륭하게, 자세하고 분명하게
➥ 철수는 그림을 **잘** 그린다.

02 바로 비뚤어지거나 굽은 데 없이, 꾸밈 없이 원칙에 어긋나지 않게, 시간 간격을
두지 않고 곧 등
➥ 나무가 **바로** 자라도록 막대기를 대었다.
➥ 도착하면 **바로** 전화해요.

03 이리 상태·모양·성질 따위가 이러한 모양
➥ **이리** 바쁘니 어떻게 하면 좋겠니?

04 매우 보통보다 훨씬 더
➥ 내 친구는 매우 예쁘다.

05 안 용언 앞에 쓰여, 부정이나 반대의 뜻을 나타내는 말, '아니'의 준말
➥ 주사를 **안** 아프게 살살 놓아주세요.

06 못 주로 동사가 나타내는 행동을 할 수 없다는 부정을 나타내는 말
➥ 다리를 다쳐서 **못** 뛰겠습니다.

07 정말(로) 거짓 없이 그대로
➥ 그 나라를 **정말(로)** 가 봤니?

08 설마 그럴 리는 없겠지만, 부정적인 추측을 강조하여
➥ 어디 간들 **설마** 우리 식구 몸 붙일 데 없을까?
➥ 시간 가는 줄 몰랐지만 **설마** 바깥이 이렇게 어두울 줄이야.

09 그러나(하지만) 앞의 내용과 뒤의 내용이 다를 때 쓰는 접속 부사
➥장미는 아름답다. 그러나 가시가 있다.
➥나도 너희와 축구를 하고 싶어. **하지만** 어머니 심부름을 가야 해.

10 왠지 왜 그런지 모르게
➥ 친구가 해 준 이야기를 듣자 **왠지** 무서워졌다.

부사, 더 살펴볼까?

"단어는 띄어 쓴다."라는 기본 규칙이 있지요? 이에 따라 부사도 띄어 써야 하지만 때로는 붙여쓰기도 한답니다. 붙여 쓰는 말들은 다른 단어와 더해져 굳어진 말들인데, 이는 사전에 올라 있는 말들이에요. 대표적인 예를 살펴볼까요?

- 지안이는 일기도 잘 쓰고 심부름도 잘한다.
- 그 어렵던 시절에도 잘사는 집 아이들은 구두를 신었다.
- 온달은 못생겨도 마음씨가 고와 시장 사람들이 모두 그를 좋아했다.

여러분이 더 알아 두면 좋은 말들을 아래에 정리했어요.

1. 잘되다(못되다) : 일·현상·물건 등이 좋게 이루어지다, 사람이 훌륭하게 되다.
- 오늘따라 독서실에서 공부가 잘되네?

2. 잘나다(못나다) : 얼굴이 잘생기거나 예쁘다, 능력이 앞서다.
- 이렇게 잘난 사람은 처음 봅니다.

3. 잘살다(못살다) : 부유하게 살다.
- 우리 할아버지는 대대로 잘사는 가문이었대.

4. 안되다 : 일·현상·물건 등이 좋게 이루어지 않다, 사람이 훌륭하게 되지 않다.
- 가뭄이 심해서 농사가 안돼 큰일이야.
- 자식 안되기를 바라는 부모는 세상에 없다.

'의존 명사'는 어떻게 띄어 쓸까?

우 리 말 마 당

?
● 진짜진짜
아리송하네?

> 옛날, 심 봉사에게 심청이라는 효심 깊은 딸이 있었어요. 어느 날, 심 봉사는 길을 가다 발을 헛디뎌 개울에 빠졌습니다. 심 봉사를 구해 준 스님은 300석을 공양하면 눈을 뜰 수 있다고 했어요. 스님이 떠난 뒤 심 봉사는 눈을 뜰 수 있다는 희망 때문에 덜컥 약속한 자신을 원망했습니다. 아버지가 근심하는 이유를 안 심청이는 어려운 형편에도 공양미를 마련하고 싶을 뿐이었어요. 때마침 바다의 용왕님께 제물로 바칠 처녀를 찾던 이들이 있었어요. 상인들이 300석에 산 심청이는 인당수로 뛰어내렸습니다. 심청이는 용왕님의 도움으로 연꽃을 타고 지상으로 돌아와 왕과 결혼했어요. 왕비가 된 심청이는 아버지 생각에 마음이 불편했어요. 심청이를 걱정한 왕이 잔치를 연 지 얼마 뒤, 그곳에서 심 봉사를 만났어요. 죽은 줄 알았던 딸 목소리에 심 봉사의 눈이 번쩍 뜨였어요. 심청이는 아버지와 만나 그저 기쁠 따름이었답니다.
>
> 〈심청전〉

〈심청전〉에서 색으로 나타낸 부분을 '의존 명사'라고 해. 이 말은 이름에서 알 수 있듯 앞말에 의지하는 말이라 혼자서는 완전한 뜻을 가질 수 없단다. 친구들은 흔히 이 의존 명사를 앞말과 붙여 쓰곤 하는데 반드시 띄어 써야 해. 오늘은 의존 명사를 자세히 공부해 볼까?

'의존 명사'의 비밀

$$\text{의지할 의}(依) + \text{있을 존}(存) + \text{명사} = \text{의존 명사}$$
→ 다른 말에 의지해 있는 말

- '의존 명사'는 다른 말에 기대어 쓴대.
- '것/줄/수/중/따름/뿐/때문/만큼' 등이 있어.

→ 여기에 먹을 것이 많네.
　'것'은 앞의 '먹을'에 의지해서 명사 역할을 해요.

- 의존 명사는 대부분 낱자나 두 자로 이루어져서 붙여 쓰거나 앞말에 의존한다는 성격 때문에 붙여 써야 한다고 오해하곤 해.

의존 명사에는 어떤 종류가 있을까?

01 것 일정한 일이나 사건, 사실을 나타내는 말, 구체적이지 않은 사물이나 사실을 나타내는 말, 앞에서 말한 사물이나 일, 현상 따위를 나타내는 말

➥ 오빠가 준 **것**까지 합쳐 사탕이 모두 다섯 개다.

← 오빠가 준 것!

02 수 어떤 일을 할 능력이나 가능성을 나타내는 말

➥ 너무 배가 불러 더 이상 먹을 **수**가 없다. (더 이상 : 부사)

03 만큼 '–은/–는/–을' 뒤에 쓰여, 그런 정도나 한도를 나타내는 말
'–은/–는/–을' 뒤에 쓰여, 원인이나 근거를 나타내는 말
앞의 내용이 상당한 수량이나 정도임을 나타내는 말

➥ 친구는 희망을 건 **만큼** 실망도 컸다.

➥ 방 안은 숨소리가 들릴 **만큼** 조용했다.

➥ 어른이 심하게 다그친 **만큼** 그의 행동도 달라져 있었다.

04 이 '사람'의 뜻을 나타내는 말

➥ 저 모자 쓴 **이**가 누구지?

05 바　앞에서 말한 내용이나 일 등을 나타내는 말

일의 방법이나 앞말이 나타내는 일의 기회, 그리된 형편을 나타내는 말

자기주장을 강조하여 나타내는 말

➥ 평소에 느낀 **바**를 말해라.

➥ 당황한 친구는 어찌할 **바**를 몰랐다.

06 지　어미 '–은' 뒤에 쓰여 어떤 일이 있던 때부터 지금까지의 동안을 나타내는 말

➥ 강아지가 집을 나간 **지** 사흘 만에 돌아왔다.

07 들　명사 뒤에서 두 개 이상의 사물을 나열할 때, 그 사물 모두를 가리키거나,

그 밖에 같은 종류의 사물이 더 있음을 나타내는 말

➥ 과일에는 사과·배·감 **들**이 있다.

08 뿐　어떤 상태나 동작을 제한하는 말. 주로 '–다 뿐이지'로 써서 어떤 대상이

오직 그렇게 했다거나 그러하다는 뜻을 나타내는 말

➥ 이 집 달걀은 싱싱할 **뿐** 아니라 값도 싸다.

09 대로　어떤 모양이나 상태와 같이

어떤 상태나 행동이 나타나는 그 즉시

어떤 상태가 매우 심하다는 뜻을 나타내는 말. 할 수 있는 만큼 최대한

➥ 당신 좋을 **대로** 하십시오.

➥ 내일 동이 트는 **대로** 떠나겠다.

➥ 달라는 **대로** 다 주다.

10 만 동안이 얼마간 계속되었음을 나타내는 말
- ➥ 10년 **만**에 귀국하다.
- ➥ 친구가 도착한 지 두 시간 **만**에 떠났다.

11 판 '처지/형편'을 나타내는 말. 승부를 겨루는 일을 세는 단위
- ➥ 바둑 한 **판** 둡시다.

12 식 일정한 방식이나 투를 나타내는 말
- ➥ 사람을 그런 **식**으로 대하면 안 돼.
- ➥ 이제는 별 볼 일이 없으니 가라는 **식**으로 말하더라.

13 겸 둘 이상의 명사 사이에 쓰여, 두 명사의 의미가 동시에 있음을 나타내는 말
두 가지 이상의 동작을 아울러 함을 나타내는 말
- ➥ 아침 **겸** 점심을 먹고 길을 나섰다.
- ➥ 바람도 쐬고 머리도 식힐 **겸** 근처 공원으로 나갔다.

14 줄   어떤 방법 또는 셈을 나타내거나 어떤 사실이나 사태를 나타내는 말
➥ 나는 자전거를 탈 **줄** 모른다.

15 때문   앞에 오는 말이 뒤에 오는 일의 까닭이나 원인일 때 쓰는 말
➥ 비 **때문**에 출발이 늦었다.

16 따름   동작이나 상태가 '오로지 그것'의 뜻을 나타내는 말
➥ 이웃들의 도움에 그저 감사할 **따름**이다.

17 중   관형사나 명사의 뒤에 쓰여, 여럿의 하나를 나타내는 말
➥ 꽃 **중**의 꽃 무궁화 꽃

18 데   임의의 장소를 나타내는 말
어떤 상황이나 특정한 때를 나타내는 말
➥ 배 아픈 **데**에 잘 듣는 약이 있어요?

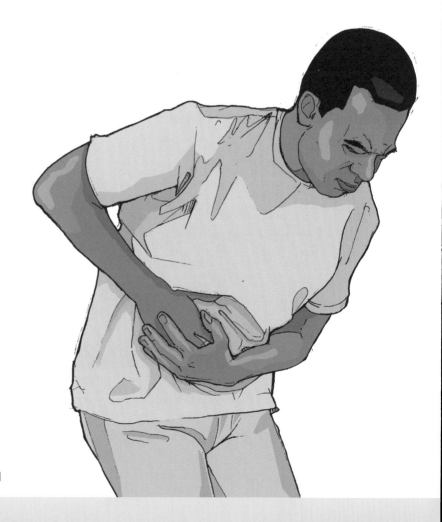

의존 명사, 더 살펴볼까?

의존 명사가 혼자서는 뜻이 없는 성분이라고 살펴봤지요? 그런데 혼자서는 뜻이 없는 조사는 붙여 쓰는데 왜 의존 명사는 그렇지 않을까요? 분명히 앞말이 없으면 뜻이 없는데 말이에요. 답은 바로 '명사'에 있답니다. 아래 문장을 한번 볼까요?

- 우리가 가는 데는 유명한 곳이야. / 우리가 가는 는 유명한 곳이야.

의존 명사 '데'를 뺐더니 자연스럽지가 않지요? 이처럼 의존 명사에는 명사 특징이 강해서 앞말에 의지하면서도 쓸 때는 꼭 띄어 써야 한답니다.

- 영희가 영화를 본다. / 영희 영화를 본다.
- 그가 우리 마을을 떠난 지 1년이 되었다. / 그가 우리 마을을 떠난 1년이 되었다.

의존 명사에도 다른 말과 더해져 굳어진 말들이 있습니다. 이 말 역시 사전에 올라 있는 말들이에요. 이렇게 굳어진 말들은 예문처럼 붙여 써야 해요.

- 잔칫상에 별것들이 다 올라왔다.
- 여름에 날것을 잘못 먹으면 배탈이 난다.
- 신발을 새것으로 바꿨다.
- 책을 두 권 샀는데 그중 한 권이 만화책이다.

04 '조사'는 어떻게 띄어 쓸까?

우 리 말 마 당

? 진짜진짜
아리송하네?

> 옛날, 놀부와 흥부 형제가 살았어요. 욕심 많은 형 놀부는 부모님의 유산을 독차지하고 동생 흥부를 집에서 쫓아냈어요. 부인과 아이들과 가난하게 지낼 수밖에 없었던 흥부는 형 놀부에게 찾아갔지만 쌀 한 톨조차 받지 못하고 쫓겨났답니다. 어느 봄날, 흥부는 치료해 준 제비에게 박씨를 받았어요. 흥부 가족이 박씨를 심어 열린 박을 켜자 박마다 보물이 나왔어요. 덕분에 흥부 가족은 부자가 되었답니다. 이 소식에 놀부는 동생 흥부에게 비결을 듣고 제비 다리를 부러뜨린 뒤 고쳐 주고 박씨를 받았어요. 놀부도 박씨에서 박들이 열렸지만 온갖 괴물과 거지가 나타나 재산을 가져가고 집을 부수고 사라졌습니다. 박에서는 돈은커녕 쌀 한 톨 나오지 않았지요. 흥부는 거지가 된 놀부에게 자신의 재산을 나눠 주었습니다. 그리고 놀부도 심성을 고쳐 우애 깊은 형제가 되었어요.
>
> 〈흥부전〉

〈흥부전〉 이야기에 색으로 표시한 부분이 대표적인 문장 성분 '조사'야. 우리말 띄어쓰기 규정에도 각 단어를 띄어 쓰지만, 조사는 앞말에 붙여 쓴다고 정해 놨잖아? 이 조사는 무지하게 종류가 많지만 언제나 앞말과 붙여 써서 친구들도 공부하는 데 크게 어렵지는 않을 거야. 지금부터 조사에는 어떤 종류가 있는지부터 살펴볼까?

'조사'의 비밀

도울 조(助) + 말씀 사(詞) = 조사

→ 다른 말에 의지해 있는 말

- '조사'는 체언·용언·부사·어미 뒤에 붙여 써!
- 문장에서 다른 품사의 뜻을 분명하게 도와줘.
- 조사에는 주격 조사와 서술격 조사가 있대.

→ "나는 학생이다."에서 조사 '는'은 '나'가 주어가 되게 하는 주격 조사
　　조사 '이다'는 '학생'이 서술어가 되도록 하는 서술격 조사

조사에는 어떤 종류가 있을까?

01 에서 단체를 나타내는 명사 뒤에 붙어, 일이나 행동의 주체임을 나타내는 주격 조사

➥ 이 구역은 우리 반에서 맡아 청소하겠습니다. : 반이라는 단체와 함께

02 을 자음으로 끝나는 체언 뒤에 붙어, 주체의 영향을 바로 받는 대상임을 나타내는 목적격 조사

➥ 수정이가 달걀을 삶아 가지고 왔다.

03 가 모음으로 끝나는 체언 뒤에 붙어, '되다'와 함께 쓰여, 바뀌는 대상임을 나타내는 보격 조사

➥ 이 애벌레가 자라면 배추흰나비가 됩니다. (애벌레 + 가)

04 이다 체언 뒤에 붙어, 사물을 지정하는 뜻을 나타내는 서술격 조사

➥ 이것은 재미있는 책이다. (책 → 체언)

05 의 체언 뒤에 붙어, 앞에 있는 체언이 사물의 소유자임을 나타내는 관형격 조사

➥ 이것은 나의 신발이 아니다. (나 → 체언)

06 한테 체언 뒤에 붙어, 행위가 미치는 대상임을 나타내는 부사격 조사
➡ 어려운 일이 있으면 순이**한테** 부탁해 봐. (순이 → 체언)

07 처럼 서로 견주어 보아 비슷하거나 같은 뜻을 나타내는 부사격 조사
➡ 나도 너**처럼** 잘 될 수 있다.

08 야 부르는 대상이 되게 해 주는 호격 조사
➡ 철수**야**, 집에 가자.

09 마저 체언 뒤에 붙어, 이미 어떤 것이 있는데 다른 것이 그 위에 또 더하여지거나 거기에서 한 걸음 더 나아감을 나타내는 보조사
➡ 철수가 전학 간 뒤에 소식**마저** 끊기고 말았다. (소식 → 체언)

10 밖에 체언이나 부사 뒤에 붙어, '그것 외에는'의 뜻을 나타내는 보조사
➡ 축구**밖에** 모르던 아이가 공부에 흥미를 느끼기 시작했다. (축구 → 체언)

11 커녕 어떤 사실을 부정하는 뜻을 강조할 뿐 아니라 그보다 못한 것까지 부정하는 뜻을 나타내는 보조사
➡ 하루 내내 밥은**커녕** 물 한 모금 못 먹고 돌아다녔다.

12 부터 어떤 일이나 동작 따위가 처음 시작되는 대상임을 나타내는 보조사
➡ 여기서**부터** 저기까지가 운동장입니다.

13 조차 이미 어떤 것이 있는데 그 위에 더욱 심한 경우를 더하는 뜻을 나타내는 보조사

➥ 초등학교 학생들**조차** 입시 학원에 다닌다.

14 랑 모음으로 끝나는 체언 뒤에 붙어, 둘 이상의 대상을 대등한 자격으로 이어 주는 접속 조사

➥ 방에는 네댓 명의 친척들이 앉아서 국수**랑** 떡을 먹고 있었다.

15 라고 모음으로 끝나는 말 뒤에 붙어, 다른 사람의 말을 그대로 가져와 직접 인용함을 나타내는 부사격 조사. '말하다/묻다/생각하다' 따위의 인용 동사와 함께 쓰인다.

➥ 그는 걱정하는 나를 보고 "괜찮아."**라고** 위로해 주었다.

16 하고 체언의 뒤에 붙어, 둘 이상의 대상을 대등한 자격으로 이어 주는 접속 조사. 주로 구어체에 쓰인다.

➥ 너**하고** 나는 저쪽으로 가자.

➥ 수정아, 토요일에 나**하고** 놀자.

17 까지 어떤 일이나 상태와 관련되는 범위의 끝을 나타내는 보조사. 앞에는 시작을 나타내는 '부터'나 출발을 나타내는 '에서'가 와서 짝을 이룬다.

➥ 오늘은 1번부터 10번**까지** 달리기 시험을 보겠어요.

이미 어떤 것이 포함되고 그 위에 더함의 뜻을 나타내는 보조사

➥ 눈이 오는데 비**까지** 오니 큰일이야.

18 마다 '낱낱이 모두'의 뜻을 나타내는 보조사

→ 그 친구는 날마다 운동한다.

앞말이 가리키는 시기에 '한 번씩'의 뜻을 나타내는 보조사

→ 우리 가족은 일주일마다 외식한다.

19 마는 앞에 나온 사실을 인정하면서도 그에 따른 의문이나 어긋나는 상황 등을 나타내는 보조사

→ 그 피자를 먹고 싶다마는 배가 너무 불러.

20 나마 어떤 상황이 이루어지거나 어떻다고 말하기에는 부족하지만 아쉬운 대로 인정됨을 나타내는 보조사

→ 이 숙제를 늦게나마 끝내서 다행이야.

21 -야말로 강조하여 확인하는 뜻을 나타내는 보조사

→ 이번에야말로 수학 시험에서 100점을 받겠다.

22 -치고 '그 전체가 예외 없이'의 뜻을 나타내는 보조사. 흔히 부정하는 말이 온다.

→ 그런 외모치고 착한 사람 없다더니.

'그중에서는 예외로'를 나타내는 보조사.

→ 여름 날씨치고 참 시원하다.

조사, 더 살펴볼까?

같은 낱말이지만 문장에 따라 어떤 건 부사도 되고 어떤 건 조사도 되어 헷갈리지요? 어떨 때 그렇게 달라지는지 하나하나 살펴볼까요?

- 이 빨래 마저 하고 들어갈게.
- 너마저 내 말을 듣지 않다니.

첫 번째 문장의 '마저'는 동사 '하고'를 꾸미는 부사예요. 그래서 앞말과 띄어 쓰지만, 두 번째 문장의 '마저'는 조사라 앞말과 붙여 씁니다. '전혀 예상하지 않았던'의 뜻이 있어요. 또 다른 예를 살펴볼까요? 같은 낱말인데 의존 명사와 조사로 나뉘는 말도 있어요.

- 그는 눈물만 흘릴 뿐 말이 없었다.
- 그 사람뿐만 아니라 너도 책임이 있어.

첫 번째 문장의 '뿐'은 의존 명사의 역할을 하네요! 하지만 두 번째 문장은 뒤는 조사라서 붙였답니다. 이와 달리 조사가 둘 이상 겹쳐지거나, 조사가 어미 뒤에 붙을 때도 붙여 쓰기도 해요. 다음 문장들이 바로 이런 예랍니다.

- 학교에서는 집에서처럼 편하게 지내면 안 돼! → 에서 + 처럼
- 학교에서만이라도 집중하면 공부하기가 편하다. → 에서 + 만이라도
- 서울은 여기서부터입니다. → 부터 + 입니다
- 경기도는 어디까지입니까? → 까지 + 입니다
- 내 짝꿍은 교실을 나가면서까지도 시끄럽게 떠들었다. → 까지 + 도
- 강아지 똘이는 개집에 들어가기는커녕 여기저기 뛰어다녔다. → 는 + 커녕
- 부모님들도 아시다시피 이번 운동회는 성공적이었습니다.
- 비가 옵니다그려.

05 '보조 용언'은 어떻게 띄어 쓸까?

우 리 말 마 당

? 진짜진짜
아리송하네?

> 어느 산골에 한 젊은이가 혼자 살고 있었어요. 젊은이는 "농사를 지어서 누구와 먹고 살지?" 하고 중얼거렸습니다. 그때, "나하고 먹고살면 되지." 하고 어디선가 소리가 들렸어요. 소리가 난 곳에는 우렁이 한 마리가 있었답니다. 젊은이는 우렁이를 집 물동이에 넣어 주었습니다. 다음 날, 젊은이가 농사를 짓고 오자 집에 누군가가 잘 차려 놓은 밥상이 놓여 있었어요. 젊은이가 돌아오면 어김없이 밥상이 있었답니다. 상을 차려 주는 사람이 궁금했던 젊은이는 집에서 벌어지는 일을 몰래 지켜보았습니다. 상을 차리는 사람은 우렁이였어요. 젊은이는 밥을 다 차리고 우렁이로 돌아가는 아가씨에게 청혼했어요. 행복하게 살던 부부의 소문을 들은 고을 원님은 아름다운 우렁각시가 탐이 났어요. 온갖 내기를 걸었지만, 우렁각시의 아버지 용왕의 도움으로 이겨 낼 수 있었답니다. 그렇게 젊은이와 우렁각시는 행복하게 살았습니다.
>
> 〈우렁각시〉

〈우렁각시〉에서 색으로 나타낸 이 말들은 띄어야 할까, 붙여야 할까? 이 말들은 '보조 용언'이라고 불린단다. 보조 용언은 없어도 뜻이 통하지만 우리말을 더 맛깔스럽게 표현할 수 있단다. 지금부터 이 보조 용언이 대체 무엇인지, 우리말에서 무슨 역할을 하는지 자세히 살펴볼게.

'보조 용언'의 비밀

더할 보(補) + 도울 조(助) + 쓸 용(用) + 말씀 언(言) = 보조 용언

→ 다른 말에 의지해 있는 말

- 용언은 문장에서 서술어 기능을 하는 동사, 형용사를 말해!
- 쓰임에 따라 본용언과 보조 용언으로 나눈대.
- '보조 용언'은 용언의 뜻을 보충해 주는 말!

  가지고 싶다 → "가지다."를 꾸며 주는 보조 용언
  먹어 보다 → "먹다."를 꾸며 주는 보조 용언

- 보조 용언에는 보조 동사와 보조 형용사가 있어!

보조 용언, 더 살펴볼까?

보조 용언은 그 쓰임새가 여러 가지예요. 종류가 너무 많아서 이것저것 다 소개하기가 힘들답니다. 원칙적으로는 띄어 쓰지만, 때에 따라서 붙여쓰기도 해요. 붙여 쓰는 보조 용언은 어떤 것들이 있을까요?

  (1) '-아/-어' 뒤에 연결되는 보조 용언
  (2) 의존 명사에 '-하다'나 '-싶다'가 붙어서 된 보조 용언

'-아/-어' 뒤에 붙는 보조 용언은 붙여 쓰자는 의견이 많았어요. 하지만 각 단어는 띄어 쓴다는, 일관성 있는 표기 체계를 유지하려고 띄어쓰기를 원칙으로 하되, 붙여쓰기도 허용했지요.

〈원칙〉	〈허용〉
• 불이 꺼져 간다.	불이 꺼져간다.
• 내 힘으로 막아 낸다.	내 힘으로 막아낸다.
• 어머니를 도와 드린다.	어머니를 도와드린다.
• 그릇을 깨뜨려 버렸다.	그릇을 깨뜨려버렸다.

의존 명사 '양/척/체/만/법/듯' 등에 '-하다'나 '-싶다'가 결합하여 된 보조 용언도 앞말에 붙여 쓸 수 있답니다.

〈원칙〉	〈허용〉
• 양하다 – 학자인 양한다.	학자인양한다.
• 체하다 – 모르는 체한다.	모르는체한다.
• 듯싶다 – 올 듯싶다.	올듯싶다.
• 뻔하다 – 놓칠 뻔하였다.	놓칠뻔하였다.

동사와 형용사 같은 용언을 도와주는 보조 용언은 그 종류가 꽤 많아요. 진행·보유·종결·강세·봉사·시행·피동 등 다양한 의미를 나타내려고 필요한 말이지요. 각 기능에 따라 보조 용언을 하나하나 살펴볼까요?

- 가다(진행) : 늙어 간다, 되어 간다 / 늙어간다, 되어간다
- 가지다(보유) : 알아 가지고 간다 / 알아가지고 간다
- 나다(종결) : 겪어 났다, 견뎌 났다 / 겪어났다, 견뎌났다
- 내다(종결) : 이겨 낸다, 참아 냈다 / 이겨낸다, 참아냈다
- 놓다(보유) : 열어 놓다, 적어 놓다 / 열어놓다, 적어놓다
- 대다(강세) : 떠들어 댄다 / 떠들어댄다
- 두다(보유) : 알아 둔다, 기억해 둔다 / 알아둔다, 기억해둔다
- 드리다(봉사) : 읽어 드린다 / 읽어드린다
- 버리다(종결) : 놓쳐 버렸다 / 놓쳐버렸다
- 보다(시행) : 뛰어 본다, 써 본다 / 뛰어본다, 써본다
- 쌓다(강세) : 울어 쌓는다 / 울어쌓는다
- 오다(진행) : 참아 온다, 견뎌 온다 / 참아온다, 견뎌온다
- 지다(피동) : 이루어진다, 써진다, 예뻐진다

앞말에 조사가 붙거나 앞말이 두 개 이상의 동사가 더해진 합성 동사인 경우, 그리고 중간에 조사가 들어갈 때는 그 뒤에 오는 보조 용언을 띄어 써야 해요.

- 잘도 놀아만 나는구나! → '놀다'에 조사 '만'이 들어갔어!
- 책을 읽어도 보고……. → '읽다'에 조사 '도'가 들어갔어!
- 네가 덤벼들어 보아라. → 동사 '덤벼들다'와 동사 '보다' 이 둘이 합성 동사야!
- 강물에 떠내려가 버렸다. → 동사 '떠내려가다'와 동사 '버리다' 이 둘이 합성 동사야!
- 그가 올 듯도 하다. → '-듯하다' 사이에 조사 '도'가 들어갔어!
- 잘난 체를 한다. → '-체하다' 사이에 조사 '를'이 들어갔어!

'-아/-어' 뒤에 '서'가 줄어든 말에서는 뒤의 단어가 보조 용언이 아니에요. 따라서 붙여 쓰는 게 허용되지 않는답니다.

- 고기를 잡아(서) 본다.
  → 여기서 '본다'는 눈으로 본다는 동사랍니다. 따라서 '잡아본다'라고 붙이면 안 돼요.

- 사과를 깎아(서) 드린다.
  → 여기서 '드린다'는 '준다'라는 동사의 높임말이에요. 봉사의 뜻을 가진 보조 용언 '드린다'
    가 아니라서 붙이면 안 된답니다.

보조 용언이 거듭될 때는 앞의 보조 용언만 붙여 쓰고 있어요.

- 기억해 둘 만하다.
  → 기억해둘 만하다. (○)
  → 기억해둘만하다. (×)

- 읽어 볼 만하다.
  → (허용) 읽어볼 만하다. (○) / '만하다'가 보조 용언이야.
  → (불허) 읽어볼만하다. (×) / 동사 '읽다' 뒤에 오는 '보다'도 보조 용언인데 또 다른 보
    조 용언 '만하다'까지 붙여 쓰면 안 돼.

　정리하면 보조 용언은 띄어쓰기를 원칙으로 하지만 경우에 따라 붙여쓰기도 해요. 각
단어는 띄어 쓴다는 일관성 있는 표기 체계를 유지하기 위해 되도록 띄어쓰기를 생활화하
면 좋겠지요?

같은 글자 다른 띄어쓰기 – 의존 명사 VS 조사

?
진짜진짜
아리송하네?

오랜만에 가족끼리 외식하러 나온 수정이네는 고깃집에 갔어.

배터지게 먹어 보자며 고기를 듬뿍듬뿍 주문했지. 그렇게 가게에 들어가 맛 있는 고기를 먹은 일을 이렇게 일기로 썼대.

2018년 □□월 □□일 맑음

제목 : 외식

"어라? 손님이 우리 가족뿐인가?"

"그렇네. 이렇게 아무도 없으니 그저 먹기만 할 뿐."

손님이 없어서 우리 가족은 구워지는 고기를 먹느라

바빴다. 동생도 나도 서로 더 먹겠다고 난리였다.

같은 '뿐'인데 왜 어떤 말은 붙여 쓰고 어떤 말은 띄어 쓸까? 똑같이 쓰지만, 품사에 따라서 띄어쓰기가 달라지기 때문이야. 이 '뿐'은 의존 명사와 조사 두 가지 형태로 쓰이고 있어. 지금부터 의존 명사로 쓸 때와 조사로 쓸 때를 각각 나눠서 살펴볼까?

같은 말, 다르게 쓰기 1 의존 명사

수정이 일기에서 살펴본 '뿐'이라는 말은 의존 명사와 조사 각각 그 쓰임새가 달라요. 먼저 의존 명사일 때의 '뿐'을 살펴보겠습니다.

- 선물을 받고 싶을 뿐인데.
- 넌 그저 학생일 뿐이야!
- 가격만 비쌀 뿐, 아무 데도 쓸모가 없다.

의존 명사로 '뿐'을 쓸 때는 어떤 상태나 어찌할 따름이라는 뜻이에요. 여기서 잠깐! 대체로 'ㄹ' 받침 뒤에서는 띄어서 쓰지요? 바로 이게 숨은 규칙이에요.

의존 명사 '뿐'은 대체로 'ㄹ' 받침 뒤에서 띄어 씁니다.

같은 말, 다르게 쓰기 2 조사

- 생일에 그는 선물뿐만 아니라 가족에게 사랑도 받았다.
- 판다는 중국뿐 아니라 한국에서도 사랑받는 동물이다.
- 그들이 믿는 사람은 그녀뿐이다.

의존 명사와 달리 조사로 쓴 '뿐'은 "그것만이고 더 없을 때, 오직 그러하다."라는 뜻으로 씁니다. 앞말과 깊은 관계에 있으면서 대상을 한정하지요. 또 한 가지 다른 점이라면 의존 명사처럼 앞말 받침에 'ㄹ'이 없지요? 이게 바로 다른 점이랍니다. 하지만 앞말 받침에 무조건 'ㄹ'이 있다고 다 띄어 쓰지 마세요. 아래 보기를 살펴보면서 그 예외를 알아볼게요.

- 그 가게에는 콩나물뿐이 없었다. / 그 아이는 마실 게 물뿐이 없었다.

보기에서 살펴봤듯 'ㄹ'이 있는 앞말과 띄어 쓰지는 않았지요? 콩나물이나 물은 하나의 독립 단어인 '체언'이거든요! 'ㄹ' 받침이 있어 띌 때는 용언이 활용할 때만 쓴답니다.

- 네 마음이 가는 대로 결정하여라. → 의존 명사
- 나는 나대로 너는 너대로 가는 길이 다르다. → 조사
- 너는 할 만큼 했으니 후회는 하지 마라. → 의존 명사
- 나는 엄마가 하늘만큼 땅만큼 좋아요. → 조사
- 10년 만에 만난 친구가 어제 본 듯하네. → 의존 명사
- 지진으로 집채만 한 파도가 마을을 덮쳤다. → 조사

?

● 진짜진짜
　아리송하네?

> 옛날에 해치와 힘세고 나쁜 짓을 많이 하는 괴물 사 형제가 살았어요. 괴물 사 형제는 해치가 자는 사이 몰래 해를 훔쳤지요. 그러고는 동서남북 네 군데에서 조각낸 해를 돌리고 놀았어요. 이렇게 된 지 얼마 안 되어 세상이 뜨끈뜨끈해졌어요. 풀과 나무가 시들고 사람들은 숨을 쉬기 어려워졌지요. 해치가 해를 내놓으라 했지만, 순순히 줄 괴물 사 형제가 아니었어요. 결국, 해치는 괴물 사 형제를 무찌르고 해를 되찾았어요. 그리고 괴물 사 형제는 땅속 깊이 내쫓아 버렸답니다.
>
> 〈해치와 괴물 사 형제〉

　자, 〈해치와 괴물 사 형제〉에서 똑같은 '지'인데 어떤 말은 붙여 쓰고 어떤 말은 띄어 쓰고 있지? 이 역시 의존 명사이냐 어미이냐에 따라서 띄어쓰기가 달라지는 경우라고 볼 수 있단다. 지금부터 의존 명사와 어미로 쓰이는 말들은 어떻게 쓰이고 있는지 살펴볼까?

같은 말, 다르게 쓰기 1 의존 명사

- 그를 만난 지도 꽤 오래되었다.
- 집을 떠나온 지 어언 3년이 지났다.
- 겨우 넉 달 남짓한데 헤어진 지 10년은 되는 것 같았다.
- 사월로 접어든 지 며칠 안 돼 아씨는 아기를 낳을 기미를 보이기 시작했다.

　의존 명사 '지'로 쓸 때는 어떤 일이 있었던 때부터 지금까지의 동안을 나타내는 말이에요. '시간의 길이'를 나타내는 문장에서 주로 쓰이고 있어요. 이외에도 의존 명사 '지'는 받침 'ㄴ' 뒤에 올 때 띄어쓰기도 한답니다.

같은 말, 다르게 쓰기 2 어미

어미 '-(으)ㄴ지'는 어떤 의문이 있는 채로 그것을 뒤에 나오는 절의 사실이나 판단과 관련시키는 데 쓰는 연결 어미예요. '떨었지/소리쳤지' 등은 종결 어미입니다.

- 기분이 좋은지 휘파람을 분다.
- 나만 깨우고 싶었는지 그의 목소리는 무척 낮고 조심스러웠다.
- 얼마나 부지런한지 세 사람 몫의 일을 해낸다.
- 해치는 화가 나서 부들부들 떨었지.

이와 비슷한 경우로 의존 명사와 어미에 따라 띄어쓰기가 다른 '데'와 '듯'을 소개할게요. 예문을 통해 그 쓰임새를 살펴보세요.

- 여행가 김찬삼은 지구 어디 안 가 본 데가 없다. → 의존 명사
- 밭을 갈고 있는데 나그네가 말을 물었다. → 어미
- 물 위를 걷는 듯 미끄러지듯 지나갔다. → 의존 명사
- 돈을 물 쓰듯 하다 망한 사람 여럿 보았네. → 어미

08 같은 글자 다른 띄어쓰기 – 부사 VS 조사

우 리 말 마 당

?
● 진짜진짜
아리송하네?

> 옛날에 비단 장수가 있었습니다. 망부석 앞에서 잠들었다 깨니 비단 짐은 온데간데없었습니다. 그가 하소연한 고을 원님은 망부석을 잡아 재판하기로 했답니다. 원님은 옷을 잘 입은 사람들만 들여보내라고 일러 놓았습니다. 망부석을 꾸짖는 원님을 보며 구경꾼들은 비웃었어요. 화난 원님은 웃은 사람들을 모두 옥에 가두었지요. 같이 옥에 갇힌 사람들이 용서해 달라고 애원하자 원님은 비단 한 필씩 바치면 풀어 주겠다고 했어요. 풀려난 사람들이 바친 비단은 비단장수가 잃어버린 비단같이 생겼지 뭐예요? 원님이 누구에게서 샀는지 묻자 사람들은 산 너머 비단장수에게서 같이 샀다고 했어요. 원님은 당장 그를 잡아 오라고 했답니다. 이렇게 비단장수는 잃어버린 비단을 모두 찾을 수 있었답니다.
>
> 〈망부석 재판〉

〈망부석 재판〉에 쓴 '같이'는 어떤 품사이기에 하나는 붙여 쓰고 하나는 띄어 쓸까? 이 '같이'는 부사와 조사로 사용했단다. 지금부터 부사 '같이'와 조사 '같이'는 각각 어떻게 띄어 쓰는지 살펴볼까?

같은 말, 다르게 쓰기 1 부사 '같이'

부사 '같이'는 "둘 이상의 사람이나 사물이 함께"라는 뜻과 "어떤 상황이나 행동처럼 똑같이"라는 뜻이 있습니다. 주로 격 조사 '와, 과'나 여럿을 나타내는 말 뒤에 쓰입니다.

- 친구와 같이 사업을 하다.
- 그는 유럽 여행을 여자 친구와 같이 떠나기로 했다.
- 3년 동안 같이 고생했다.
- 어제 같이 저녁 먹은 사람이 누구지?
- 요즘은 온 식구가 다 같이 둘러앉아 저녁을 먹는 일도 힘들다.
- 일요일에 그는 아내와 같이 등산을 가곤 했다.
- 모두 같이 횃불을 들자.

같은 말, 다르게 쓰기 2 조사 '같이'

조사 '같이'로 쓰일 때는 "앞말이 가진 어떤 특징처럼"의 뜻이에요. 때를 나타내는 일부 명사 뒤에 붙어 앞말이 나타내는 그때를 강조해 준답니다.

- 얼음장같이 차가운 방바닥
- 눈같이 흰 박꽃
- 소같이 일만 하다.
- 꽃같이 잘생긴 미녀
- 이같이 잘 그린 그림은 처음 본다.

복습해 볼까?

복습해 볼까?

01 다음 괄호에서 올바른 맞춤법을 고르세요.

> 보기
>
> 우리 집에서 내가 (망내 , (막내))이다.

- 피아노 학원비를 ((다달이) , 다다리) 내고 있어요.
- (하느리 , (하늘이)) 파란 까닭은 공기 때문이야.
- 마시면 (늑찌 , (늙지)) 않는 신기한 샘물이었어요.
- 이것 봐, 목련 나무에 ((꽃망울) , 꼰망울)이 맺혔어.
- 깊은 밤, (솟적새 , (소쩍새)) 울음소리가 슬프게 들려요.
- (잇다끔 , (이따금)) 전학 오기 전 친구들이 생각나요.
- 상을 받은 뒤, ((어깨) , 엇개)에 힘이 들어갔어요.

02 다음 보기에서 올바른 맞춤법을 골라 번호를 쓰세요.

- 나는 김치보다 (③)가 더 좋아.
- (④) 색깔의 넥타이가 더 잘 어울리겠어요.
- 지현이는 나와 잘 (⑤) 친구예요.
- 휘파람을 잘 (⑥) 신기한 아저씨.
- 어제 하늘을 (①) 꿈을 꿨어요.
- (⑦) 나무로 쌓기는 힘들어요.
- 나랑 (②) 가면 안 돼?

> 보기
>
> ① 나는 ② 같이 ③ 깍두기 ④ 산뜻한 ⑤ 노는 ⑥ 부는 ⑦ 둥근

03 괄호에 들어갈 올바른 맞춤법을 이어 보세요.

그분의 업적을 (   ) 빛내자. • • 미단이

(   ) 오늘 가야 해요? • • 샅샅이

이런 문을 (   )문이라고 해요. • 계실

쓰레기통을 그렇게 (   ) 보는 까닭이 뭐야? • 핑계

넌 늘 그런 식으로 (   )만 대는구나. • 굳이

(   )에 적혀 있었어. • 길이

할아버지께서 집에 (   ) 동안 잠깐 나갔다 올게요. • • 게시판

04 다음 문장에서 틀린 부분을 고쳐 보세요.

> **보기**
>
> 우리 집에서 내가 망내이다.
> →   막내

• 선물받은 ~~시깨~~를 잃어버렸어요.
→   시계

• ~~폐품~~을 모아서 만든 장난감이야.
→ 폐품

• ~~년새~~ 지긋한 노신사.
→ 연세

• 좋아하는 과목을 ~~백분률~~로 나타내 보자.
→   백분율

• 우리가 ~~력사~~를 배우는 까닭은 뭘까요?
→   역사

• ~~래일~~ 3시에 만나자.
→ 내일

05 길잡이에서 올바른 글자를 골라 빈칸을 채워 보세요.

우리 집에서 내가 막내이다.

- 이곳이 우리 동네 이발소에서 가장 인기가 많아.
- 다이아몬드는 가장 딱딱한 광물이야.
- 시 낭송에는 낭랑한 목소리가 제격.
- 동생이 씩씩하게 주사를 맞아서 다행이야.
- 역시 생선구이는 짭짤한 맛이 매력이지.
- 시계는 아침부터 똑딱똑딱.

길잡이

딱똑, 딱, 씩, 이, 짤, 랑

2 장

01 밑줄 친 말을 고쳐 쓰세요.

> **보기**
> 우리 집에서 내가 <u>망내</u>이다.
> → 막내

- 비가 그치고 나서야 <u>비로서</u> 파란 하늘이 드러났다.
  → 비로소

- 나는 네가 <u>넘우</u> 좋아.
  → 너무

- 진실은 반드시 <u>들어날</u> 것입니다.
  → 드러날

- 이것은 책<u>이오</u>, 저것은 빵이다.
  → 이요

- 넘어져도 <u>오뚝기</u>처럼 일어날 거예요.
  → 오뚝이

- 6·25 전쟁 때 제트기를 '<u>쌕쌔기</u>'라고 불렀다네요.
  → 쌕쌕이

02 맞춤법이 맞는 문장에 ○, 틀린 문장에 ×를 표시하시오.

> **보기**
> 우리 집에서 내가 망내이다. (×)

- 나무 구멍 밖으로 고개를 내민 오색딱따굴아. (×) 오색딱따구리
- 콩알을 월월히 세지 않고 알 방법이 없을까? (×) 일일이
- 아기가 자고 있으니 조용히 들어오렴. (○)
- 손을 깨끗히 씻고 밥을 먹어야지. (×) 깨끗이
- 마지막 꽃잎이 떨어지기 전에 돌아온댔어. (○)
- 편지가 왔다는 말에 불이나께 집으로 뛰어갔어요. (×) 부리나케
- 그렇게 쉽게 싫증을 내다니. (○)

03 다음에서 틀리지 않은 문장을 모두 고르세요.

✔ 그 후로 며칠이 지났어.

② 나는 숟가락만 있으면 돼. **숟가락**

✔ 단추가 떨어졌으니 반짇고리 좀 가져다줄래?

④ 네가 그렇게 섯불러 행동할지 몰랐구나. **섣불리**

⑤ 물새 우는 바닷까에서 그림을 그립니다. **바닷가**

⑥ 이가 없으면 어몸으로 씹어라. **잇몸**

✔ 어머니께서 귓밥을 파 주시던 때가 그리워요.

04 다음 보기에서 알맞은 맞춤법을 골라 쓰세요.

> **보기**
>
> 쐬러, 수평아리, 암게, 암캐, 제삿날, 아랫집, 안팎

- 어제는 할아버지 (**제삿날**)이어서 늦게 잤어.
- 우리 (**아랫집**)에는 괴상한 사람이 살아요.
- 이 옷은 (**안팎**)이 구별하기 힘들어.
- 우리 집 귀염둥이는 (**암캐**)예요.
- 길에서 파는 병아리는 주로 (**수평아리**)래요.
- 알이 많은 (**암게**) 딱지에 밥을 비벼 먹었어요.
- 바람을 (**쐬러**) 나갔다 올게.

05 다음에서 올바른 맞춤법을 고르세요.

- 햇볕을 (쬐니, 쫴니) 기분이 좋아졌어.
- 은사님을 (뵜더니, 뵀더니) 그 시절이 더 그리워집니다.
- 간이 무역 게임에서 총수입이 320만 원 정도 (됬다, 됐다).
- 이 문제도 (만만찮게, 만만잖게) 어렵다.
- 나처럼 (시원찮은, 시원잖은) 사람이 할 수 있을까?
- 그 고양이는 모든 일을 (점잔잖게, 점잖잖게) 해서 구박을 받는다.

3 장

복습해 볼까?

01 다음에서 틀리지 않은 문장을 모두 고르세요.

① 혼자서도 잘할 ~~꺼야~~.   거야

② 나그네는 갈 ~~떼가~~ 없었어요.   데가

③ 그걸 할 ~~쑤는~~ 없다고 생각해.   수는

✓ 오늘은 만날 사람이 있습니다.

✓ 변명은 하면 할수록 마음이 불편해지지.

✓ 네가 선물로 준 인형, 잘 간직할게.

✓ 내가 그린 기린 그림.

02 밑줄 친 말을 올바르게 고쳐 쓰세요.

• <u>띄어쓰기</u>를 하지 않으니 뜻이 조금 애매하네.

→ 띄어쓰기

• 이렇게 잘 <u>멍는</u> 아기도 없을 거야.

→　　　먹는

• 이 낙서는 <u>너가</u> 한 게 틀림없어.

→　　　네가

• 역시 전기구이 <u>통닥</u>이 맛있어.

→　　　　통닭

• 도자기는 고운 <u>흑만</u> 사용해서 만든대.

→　　　　흙만

• 그러지 마. 너는 <u>늑지</u> 않을 것 같니?

→　　　　늙지

• 몸은 <u>젇고</u> 마음은 늙은 사람.

→　　젊고

03 다음에서 올바른 맞춤법을 고르세요.

- 시를 (읍고, (읊고)) 나니 마음 한편이 따뜻해집니다.
- 바지가 ((짧지만), 짤찌만) 예쁘게 입을 수 있어.
- 내 동생은 (여덜, (여덟)) 살이에요.
- 세상은 ((넓고) 널꼬), 할 일은 많다지?
- 너는 (안꼬, (앉고)) 너는 일어서.
- 누군가 내 발을 자꾸만 ((밟고) 밥꼬) 지나가요.
- 무궁화, 우리나라 (꼿 (꽃)).

04 괄호에 들어갈 올바른 맞춤법을 이어 보세요.

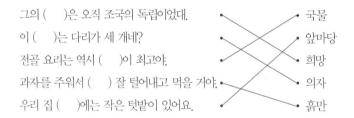

그의 (　　)은 오직 조국의 독립이었대.　　　　국물

이 (　　)는 다리가 세 개네?　　　　　　　　앞마당

전골 요리는 역시 (　　)이 최고야.　　　　　　희망

과자를 주워서 (　　) 잘 털어내고 먹을 거야.　　의자

우리 집 (　　)에는 작은 텃밭이 있어요.　　　　흙만

01 맞는 문장에 ○, 틀린 문장에 ×를 표시하시오.

> **보기**
>
> 우리 집에서 내가 망내이다. (×)

- 얼마 전에 걸린 감기가 ~~낳았다~~. (×) 나았다
- 좋은 결과를 ~~낫다~~. (×) 낳다
- 이모가 쌍둥이를 낳았다. (○)
- 이번 시험에서 수학 점수가 낮다. (○)
- 겨울이 되니 교실 온도가 낮다. (○)
- 의자의 개수를 ~~늘어다~~. (×) 늘리다
- 고무줄을 길게 늘이다. (○)
- 너는 너무 말라서 체중을 ~~늘여야~~ 해. (×) 늘려야

02 다음 보기에서 알맞은 맞춤법을 골라 번호를 쓰세요.

- 할머니와 함께 산을 (⑧) 이모 집에 갔다.
- 고개 (④) 시장에 갔다.
- 옷을 다리미로 (⑥).
- 할아버지께서는 한약을 잘 (⑦) 먹었다.
- 엄마는 장을 (①).
- 재석이는 얼굴에 미소를 (⑤).
- 치마가 흘러내리지 않게 허리에 띠를 (②).
- 두 줄을 (③) 써라.

> **보기**
>
> ① 달였다 ② 띠다 ③ 띄고 ④ 너머
> ⑤ 띠었다 ⑥ 다리다 ⑦ 달여 ⑧ 넘어

03 괄호에 들어갈 올바른 맞춤법을 이어 보세요.

톱(　　) 나무를 자른다.　　　　　　　　　　　으로서

나는 학생(　　) 공부를 열심히 해야 한다.　　　맞췄다

문제의 정답을 (　　)사람에게 상품을 드립니다.　맞힌

주몽은 활을 잘 쏘는 사람으로 과녁을 잘 (　　).　맞혔다

시험을 보고 옆 짝이랑 정답을 (　　).　　　　　맞췄다

할머니께서 한복을 (　　).　　　　　　　　　　붙이다

동생이 어려운 퍼즐을 (　　).　　　　　　　　으로써

학예회 포스터를 강당에 (　　).　　　　　　　맞혔다

　　　　　　　　　　　　　　　　　　　　　　맞췄다

04 밑줄 친 말을 고쳐 쓰세요.

> **보기**
>
> 우리 집에서 내가 <u>망내</u>이다.
> →　　　　　막내

- 할머니께서 김치전을 <u>붙였다</u>.
→　　　　부쳤다

- 책을 친구에게 소포로 <u>붙쳤다</u>.
→　　　　부쳤다

- 부모님이 안 계셔서 내가 오늘 밥을 <u>앉혔다</u>.
→　　　　　　　안쳤다

- 네 살배기 친척 동생을 의자에 <u>안쳤다</u>.
→　　　　　　앉혔다

- 지혜는 일기를 깜박 <u>잃고</u> 가져오지 않았습니다.
→　　　　잊고

- 친구 집에 가다가 길을 <u>잊고</u> 헤매었습니다.
→　　　　잃고

- 오늘 즐거웠어. 내 생일에 <u>반듯이</u> 초대할게.
→　　　　반드시

05 다음에서 틀리지 않은 문장을 모두 고르세요.

✓ ① 책꽂이에 책을 반듯이 꽂아야 보기 좋아.

✓ ② 도서관에 있다가 나갔다.

③ 있다가 6시에 학교에서 봐. **이따가**

④ 오늘 저녁 반찬으로 먹을 생선을 졸였다. **조렸다**

✓ ⑤ 교통사고가 났다는 소식을 들은 엄마는 마음을 졸였다.

⑥ 부모님의 의견을 ~~쫓아~~ 공부를 시작했다. **좇아**

⑦ 강아지가 고양이를 ~~좇았다~~. **쫓았다**

✓ ⑧ 강아지가 고양이를 보고 짖었다.

06 길잡이에서 올바른 글자를 골라 빈칸을 채워 보세요.

> **보기**
>
> 우리 집에서 내가 막내이다.

- 엄마는 날마다 아침밥을 짓습니다.
- 명수는 종일 미소를 짓고 있었다.
- 동시를 짓는 국어 시간은 활기가 넘친다.
- 형과 동생의 성격이 다르다.
- 철수는 계산이 틀렸어.
- 하늘이 끄물끄물하다.
- 굼벵이는 행동이 꾸물꾸물해.
- 공부 안 하고 뭐 하나?
- 오늘은 비가 안 온대요.

길잡이

꾸물, 짓, 다르, 틀, 끄물, 안

07 다음에서 올바른 맞춤법을 고르세요.

- 이 일을 (어떻게, 어떡해) 하면 좋을까?
- 너 (어떻게, 어떡해) 된 거야?
- (애들아, 얘들아) 모두 모여라.
- 그 (애, 얘)는 키가 무척 크다.
- (애, 얘)가 어디 갔을까?
- 날 보고도 못 본 (채, 체)한다.
- 신을 신은 (채, 체)로 방에 들어왔다.

08 다음에서 틀린 문장을 모두 고르세요.

① 저는 지금 초등학교에서 학생들을 가르키고 있습니다. **가르치고**
② 누나가 두부를 썰다가 칼에 손을 벴다.
③ 그는 손가락으로 북쪽을 가리켰다. **가리켰다**
④ 사과를 한입 베어 먹다.
⑤ 할아버지는 목침을 베고 정자에 누워 낮잠을 주무신다.
⑥ 어머니는 빨래를 햇볕에 너셨다.
⑦ 옷에 땀이 뱄다.
⑧ 어두운 곳에서 나오니 햇빛에 눈이 부셨다.

09 다음 본문에서 밑줄 그은 맞춤법 가운데 틀린 곳을 골라 고쳐 쓰세요.

주말을 맞아 우리 가족은 오랜만에 소풍을 갔다. 가족이 함께 간 곳은 소나무가 울창한 수목원이었다. 수목원 밑에는 초가집이 늘어서 있었다. 초가집 ✔ 아래에는 제비가 집을 지어 놓기도 했다. 우리는 귤 ✔ 껍데기를(을) 벗겨 먹으며 그것을 바라봤다. 우리는 귤 말고도 사과를 챙겨 왔는데 ③ 껍질이(가) 너무 두꺼워 깎아 먹기가 불편했다. 여기저기를 구경하다 보니 어느새 어두워졌다. 하늘에 떠 있는 달 ✔ 밑에 나무 그림자가 어른거렸다. 집에 도착하자마자 우리 가족은 베개를 ✔ 배고 잠에 빠졌다.

① 아래 → 밑
② 껍데기 → 껍질
④ 밑 → 아래
⑤ 배고 → 베고

01 괄호에 들어갈 올바른 맞춤법을 이어 보세요.

화단에 (　　)이 피어 있다.　　　　　　　　　　부엌

삶은 (　　)라고도 부른다.　　　　　　　　　　수개미

새벽(　　)에 일어나서 운동했다.　　　　　　　나팔꽃

엄마는 (　　)에서 요리를 하신다.　　　　　　수소

작년 봄에 (　　)을 심었다.　　　　　　　　　녘

풀을 뜯고 있는 (　　)를 보았다.　　　　　　강낭콩

(　　)는 암캐미보다 크기가 작다.　　　　　　살쾡이

02 다음에서 올바른 맞춤법을 고르세요.

- (숫양, 수양)은 한가롭게 쉬고 있다.
- 저 쥐는 (숫쥐, 수쥐)일까? 암쥐일까?
- (수강아지, 수캉아지)가 꼬리를 흔들고 있다.
- 토끼가 (깡총깡총, 깡충깡충) 뛰어갑니다.
- 넘어져도 (오똑이, 오뚝이)는 다시 잘 일어섭니다.
- 우리 집에 있는 강아지는 (횐둥이, 흰둥이)이다.
- 나는 우리 집에서 (막둥이, 막동이)이다.

03 길잡이에서 올바른 글자를 골라 빈칸을 채워 보세요.

> **보기**
>
> 우리 집에서 내가 막내이다.

- 내가 볼 때 우리 삼촌은 바람 둥 이 같다.
- 나는 얼마 전에 아지 랑 이 를 보았어.
- 우리 엄마는 내 옷을 다 리 미로 잘 다려 주셔.

- 식빵에 곰 팡이 가 생겼어.
- 들판에 지푸 라기 가 엄청 많다.
- 잠자는 아 기의 모습은 귀엽다.
- 내 동생은 개구 쟁이 이다.
- 갓을 만드는 사람을 갓 장이 라고 부른다.
- 대학생인 우리 누나는 멋 쟁이 이다.

길잡이

라기, 팡이, 아, 쟁이, 다리, 랑이, 둥이, 장이

04 밑줄 친 말을 고쳐 쓰세요.

보기

우리 집에서 내가 <u>망내</u>이다.
→ 막내

- 유기를 만드는 사람을 <u>유기쟁이</u>라고 한다.
→ 유기장이

- 집 만드는 데 필요한 직업은 <u>미쟁이</u>이다.
→ 미장이

- 온돌은 아랫목보다 <u>웃목</u>이 춥다.
→ 윗목

- <u>윗어른</u>에게는 예의 바르게 행동해야 한다.
→ 웃어른

- 나는 <u>김치찌게</u>를 제일 좋아한다.
→ 김치찌개

- 운동장에는 <u>돌맹이</u>가 많다.
→ 돌멩이

- 침대에 두었던 <u>베게가</u> 어디 갔지?
→ 베개

- <u>요세</u> 책을 많이 읽고 있는 모습이 보인다.
→ 요새

05 맞춤법이 맞는 문장에 ○, 틀린 문장에 ×를 표시하시오.

> **보기**
>
> 우리 집에서 내가 망내이다. (×)

- 엄마가 맛있게 ~~육깨장~~을 끓여 줬다. (×) **육개장**
- 배가 고파서 짜장면 ~~곱배기~~로 시켰다. (×) **곱빼기**
- 내 동생은 이제 두 살배기이다. (○)
- 된장찌개가 뚝배기에서 맛있게 끓고 있다. (○)
- 할머니께서 ~~고들배기~~를 만들어 주셨다. (×) **고들빼기**
- 공짜를 속되게 이르는 말은 ~~공짜빼기~~이다. (×) **공짜배기**
- 새 학기 첫날 설렘에 잠을 자지 못했다. (○)
- 나의 ~~바램~~은 부모님 건강이다. (×) **바람**
- 친구의 성격은 예나 지금이나 조금도 달라지지 않았다. (○)

06 다음에서 틀리지 않은 문장을 모두 고르세요.

① 집 앞에는 창고가 아직 ~~왜~~ 모습 그대로 있다. **옛**
② 궁궐의 ~~옛스러운~~ 모습에 감탄했다.   **예스러운**
③ 어머니는 ~~광우리~~에 참외를 담아 시장에 나가셨다.   **광주리**
④ 할아버지는 ~~보릿짚모자~~를 쓰고 논을 둘러보러 가셨다.   **밀짚모자**
✔ 이 거문고는 오동나무로 만들었어.
✔ 밤에 무서운 꿈을 꾸고 식은땀이 났다.
✔ 뻐꾸기 소리를 들으면 달콤한 자두 향이 코에서 난다.

6장 복습해 볼까?

01 맞춤법이 맞는 문장에 ○, 틀린 문장에 ×를 표시하시오.

> **보기**
> 우리 집에서 내가 망내이다. (×)

- 처음 사용해 보는 희한한 물건이야. (○)
- 그 가루를 장기간 보전하려면 냉장 보관을 해야 해. (×) **보존**
- 사람들은 불가사리를 희안하게 쳐다보았다. (×) **희한**
- 영희는 학교에서 반장뿐만 아니라 청소부의 역활도 한다. (×) **역할**
- '시험을 없애야 할까?'라는 주제로 열띤 토의를(을) 벌였다. (×) **토론**
- 민수는 자신의 경험을 살려 많은 돈을 벌었다. (○)
- 토의가(이) 끝났는데도 두 친구는 제 주장이 옳다고 우겼다. (×) **토론**
- 우리 겨레의 전통문화 보존에 최선을 다하자. (×) **보전**

02 다음에서 올바른 맞춤법을 고르세요.

- 불우이웃을 도울 방법을 (토론, **토의**)했다.
- 사람은 누구나 목숨을 (보전, **보존**)하는 것이 가장 중요하다.
- 저는 소프트웨어 (**개발**, 계발) 업체에서 근무합니다.
- 우리는 현장 (**체험**, 경험) 학습을 제주도로 갔다.
- 혈액형은 A형·B형·O형·AB형으로 (구별, **구분**)한다.
- 문자를 (발견, **발명**)하면서 인류는 빠르게 발전했다.
- 자기 (**계발**, 개발)을 한 사람에게 더 많은 기회가 있습니다.
- 알렉산더 플레밍은 페니실린을 (**발견**, 발명)했다.
- 선악을 명쾌하게 (구분, **구별**)할 수 있을까?
- 인내력을 기르려고 현수는 방학 동안 오지 (**체험**, 경험)을 떠났다.

03 다음 보기에서 알맞은 맞춤법을 골라 번호를 쓰세요.

- 폼페이 유적에서 어린아이의 화석이 (②)되었다.
- 〈최치원전〉은 (③)했던 최치원을 등장인물로 한 기이한 이야기입니다.
- 웬만한 일에 화를 내지 않는 (⑤) 사람이다.
- 옛날이야기에는 (④) 역사 인물을 다룬 것도 있다.
- 이어도는 제주도의 서남쪽에 (③)하는 수중 섬이다.
- 할아버지께 (①).

> **보기**
> ① 문안하다 ② 발견 ③ 실재 ④ 실제 ⑤ 무난한

7장

복습해 볼까?

01 괄호에 들어갈 올바른 맞춤법을 이어 보세요.

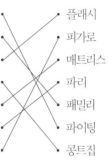

선수들은 "( )"을 외치며 서로 격려했다.   플래시

젊은 엄마들은 ( ) 레스토랑을 즐겨 찾는다.   피가로

기자들은 아이돌 배우가 나타나자 ( )를 터뜨렸다.   매트리스

누나는 오늘도 ( )을 보고 키득키득 웃고 있다.   파리

순이는 침대 ( )에 얼굴을 묻고 하염없이 울었다.   패밀리

에펠탑은 프랑스 ( )에 있다.   파이팅

모차르트가 작곡한 ( )의 결혼 서곡을 감상했다.   콩트집

02 다음 보기에서 올바른 맞춤법을 골라 번호를 쓰세요.

- 꼭두각시 (⑥)의 슬픈 눈을 보면 눈물이 날 것 같다.
- 수정이는 미용실에서 (⑦)했습니다.
- 요즘에 (①)를(을) 듣는 사람을 거의 없다.
- 이 만화책은 (⑤)이(가) 너무 많아.
- 할머니가 고속버스 (④)에 도착하셨다고 했다.
- 요즘에는 (②)시계를 쓴다.
- 내가 좋아하는 (③)는 파란색이다.

> **보기**
>
> ① 테이프 ② 디지털 ③ 컬러 ④ 터미널 ⑤ 컷 ⑥ 피에로 ⑦ 커트

03 밑줄 친 말을 고쳐 쓰세요.

보기

우리 집에서 내가 <u>망내</u>이다.
→   막내

- 크리스마스에 유명한 가수의 <u>컨서트</u>가 열린다.
→   콘서트

- 자동차 <u>브레익</u>이(가) 고장 나 수리했다.
→   브레이크

- 우리 가족은 레스토랑에서 <u>스테익</u>을(를) 먹었다.
→   스테이크

- 노래방에 가면 친구들은 <u>마익</u>을(를) 서로 잡으려고 한다.
→   마이크

- 축구 경기에서 이기려면 <u>팀웍</u>이(가) 좋아야 한다.
→   팀워크

- 요즘에는 고구마 <u>케익</u>이(가) 인기이다.
→   케이크

- 달콤한 포도 <u>쥬스</u>를 마시며 이야기를 나누었다.
→   주스

04 맞춤법이 맞는 문장에 ○, 틀린 문장에 ×를 표시하시오.

보기

우리 집에서 내가 망내이다. (×)

- 간호사는 아기의 입에서 체온계를 빼 ~~챠트~~에 기록했다. (×) 차트
- ~~래저~~ 활동으로 승마를 즐기는 사람들이 늘어나고 있다. (×) 레저
- 나는 주간 신문인 울산 저널을 보고 있어요. (○)
- 우리 할머니 댁에는 흑백 ~~텔레바젼~~이 있다. (×) 텔레비전
- 야구에서 수비수가 멋지게 슬라이딩을 해서 공을 잡았다. (○)
- 아이돌 스타가 나타나자 기자들이 플래시를 터뜨렸다. (○)

- 햇볕이 따가워 창에 브라인드를 쳤다. (×) 블라인드

05 다음에서 올바른 맞춤법을 고르세요.

- 우리는 (남산타워, 남산타우어)에 올라가 서울 시가지를 내려다보았다.
- (옐로스톤, 옐로우스톤) 공원은 미국에서 가장 오래되고 큰 공원이다.
- 격투기 선수는 무시무시한 (파워, 파우어)를 자랑한다.
- 이 섬에서 저 섬으로 (보트, 보우트)를 타고 건너갔다.
- 주말에 야구 경기의 (하이라이트, 하일라이트)를 모아서 방영해 줍니다.
- 이 옷은 (드라이클리닝, 드라이크리닝) 해야 합니다.
- 사진을 찍을 때 (플래시건, 플래쉬건)이 터져 깜짝 놀랐다.

06 길잡이에서 올바른 글자를 골라 빈칸을 채워 보세요.

> **보기**
>
> 우리 집에서 내가 막내이다.

- 영국의 찰스 황태자는 모든 영광과 명예를 누리고 있다.
- 미국 오하이오 강가에 있는 에번스빌은 상업·제조업·철도의 중심지이다.
- 뉴욕 타임스는 미국에서 유명한 신문이다.
- 비틀스의 노래는 전 세계적으로 알려져 있다.
- 그 뉴스는 많은 사람을 놀라게 했다.
- 실력 있는 발레리나는 슈즈를 벗은 발에서 드러난다.
- 요즘에는 안경보다 렌즈를 많이 낀다.

> **길잡이**
>
> 즈, 스

국립중앙도서관 출판예정도서목록(CIP)

공부왕이 즐겨 찾는 맞춤법·띄어쓰기 : 선생님이 알려 주는
초등 맞춤법, 평생 공부력의 힘! / 지은이: 백태명, 신선화
, 우지영 ; 그린이: 윤지혜. — 서울 : 국민출판사, 2018
    p. ;   cm

ISBN 978-89-8165-342-2 73710 : ₩14500

한글 맞춤법 [一法]
띄어 쓰기

711-KDC6   CIP2018020045

선생님이 알려 주는 초등 맞춤법, 평생 공부력의 힘!

공부왕이 즐겨 찾는 맞춤법·띄어쓰기

초판 1쇄 인쇄 2018년 7월 20일
초판 2쇄 발행 2019년 4월 15일

지은이 백태명, 신선화, 우지영
그린이 윤지혜

펴낸이 김영철
펴낸곳 국민출판사
등록 제6-0515호
주소 서울특별시 마포구 동교로 12길 41-13 (서교동)
전화 (02)322-2434
팩스 (02)322-2083
블로그 blog.naver.com/kmpub6845

편집 한수정, 임여진
경영지원 한정숙
디자인 블루
종이 신승지류유통 | 인쇄 예림 | 코팅 수도 라미네이팅 | 제본 은정 제책사

ⓒ 백태명, 신선화, 우지영, 2018
ISBN 978-89-8165-342-2 (73710)